NOUS SOMMES LA BEAUTÉ ÉTERNELLE

Un recueil de Messages
Intemporels d'Amma

Rassemblés et traduits par
Swami Amritaswarupananda Puri

I0154642

Mata Amritanandamayi Center, San Ramon
Californie, États-Unis

Nous sommes la Beauté éternelle
Un recueil de Messages Intemporels d'Amma

Rassemblés et traduits par :
Swami Amritaswarupananda Puri

Publiés par :
Mata Amritanandamayi Center
P.O. Box 613
San Ramon, CA 94583-0613, États-Unis

———— *The Eternal Beauty that we are – French* ————

Première édition : septembre 2020

En France :
Ferme du Plessis, 28190 Pontgouin
www.ammafrance.org

Au Canada :
ammacanada.ca

En Inde :
www.amritapuri.org
inform@amritapuri.org

Table des Matières

Sanatana Dharma

De la forme au Sans Forme   9

Dévotion fondée sur la crainte   12
et dévotion fondée sur l'amour

L'adoration des idoles   15

La spiritualité est-elle une fuite ?   19

Le monde est-il une illusion ?   22

L'importance du guru   26

Comment prier ?   30

La Réincarnation   33

Dieu est-Il partial ?   36

L'essence de la spiritualité

La mort n'est pas la fin   40

La Béatitude suprême   46
ici et maintenant

Religion et spiritualité   51

Le créateur et la création   56

L'essence de toutes les religions   59

L'amour de soi   62

La vie de famille

N'emprisonnez pas votre
amour à l'intérieur   65

La culture dans l'éducation   68

Éduquer des enfants dans
le monde moderne   72

Des relations harmonieuses   76

La confiance est le fondement
des relations solides   79

Les fêtes religieuses et les textes

La dévotion dans le Ramayana   83

Assimiler l'essence des
fêtes religieuses   88

Navaratri devrait nous
enseigner l'humilité   93

A Noël, offrez l'amour en cadeau   96

Le but de Sivaratri est de
nous immerger en Dieu   99

Adorer Krishna, c'est
devenir Krishna   102

L'amour

Gravissez l'échelle de l'amour jusqu'à son sommet   105

L'amour fait de notre vie une vie divine   108

La nature du guru

Pour accéder à la science la plus subtile, il faut un enseignant   111

Les mahatmas s'abaissent jusqu'à nous pour nous aider à nous élever   116

Le guru est la vérité ultime incarnée   119

Notre culture

Respecter nos aînés   123

Restaurer l'harmonie de la Nature   126

Accueillez tous les « hôtes inattendus »   131

Une lumière dans l'obscurité   134

Les pratiques spirituelles et la science védique

Le samadhi 137

Yoga et exercice physique 141

L'astrologie et la foi en Dieu 144

Valeurs universelles

Évitez les idées préconçues 149

Éveillons la conscience 154

Les mauvaises habitudes 157

La dévotion est une fin en soi 160

Pensée et action 163

Ne soyez pas esclave de la colère 166

L'enthousiasme est le
secret du succès 170

Guérir de la culpabilité
concernant nos erreurs passées 173

Dans notre hâte, la
beauté nous échappe 176

Apprenez à donner en
retour à la société 179

Surmonter le stress 183

Vie simple et sacrifice de soi   180

Pitié versus compassion   190

Tout est dans l'attitude juste   193

Le chemin de la Paix   196

Conservez l'attitude d'un débutant   200

Sanatana Dharma

De la forme au Sans Forme

Mes enfants, tous ceux qui croient en Dieu en conviendront : l'unique cause de la création, de la préservation et de la destruction de l'univers, c'est Dieu. Les croyants auront cependant des opinions et des doutes variés concernant la véritable nature de Dieu : quel est le véritable nom de Dieu ? Quelle est Sa véritable forme ? Quels sont Ses attributs ?

En réalité, Dieu ne peut pas être appréhendé par l'intellect ni expliqué par de simples mots. Mais, grâce aux pratiques spirituelles, nous pouvons faire l'expérience de Dieu et Le réaliser. Cette expérience est indescriptible. Quand un bébé se fait mal, peut-il expliquer l'intensité de la douleur qu'il endure ? Ou, quand il est heureux, celle de la joie qui l'habite ?

De même que l'eau peut se manifester sous la forme de glace, de liquide ou de vapeur, Dieu est à la fois avec et sans attributs. Il se manifeste comme la dualité, comme l'univers aux multiples facettes.

Dieu n'a ni nom ni forme en particulier. Il est plutôt comme un acteur qui apparaît sur scène dans des rôles variés. Ainsi, suivant le désir du dévot, Dieu endosse différents états d'être et différentes formes telles que Shiva, Vishnu et Devi. Une figurine en chocolat que l'on fait chauffer fond et devient informe. Mais quelle que soit la forme que prend le chocolat, sa véritable nature demeure la même.

Pour conceptualiser et adorer Dieu, il est plus facile de Le visualiser sous une forme précise. Pour boire de l'eau à la rivière, quelqu'un qui a soif doit former une coupe avec les mains ou utiliser un récipient. Muni d'un long bâton, on peut faire tomber une mangue d'un arbre, même si on ne peut pas y grimper. De même, en conceptualisant Dieu comme ayant une forme et en utilisant cette forme comme notre instrument, nous pouvons adorer et réaliser Dieu.

Une maman oiseau partit un jour chercher de la nourriture et se blessa malencontreusement une aile. Désormais incapable de voler et donc, de regagner son nid de l'autre côté de la rivière, elle s'inquiétait pour ses oisillons affamés. C'est alors qu'elle avisa un gros fragment de glace qui flottait dans sa direction. Sans trop de difficulté, elle sauta dessus. Un vent favorable poussa ensuite le morceau de glace jusqu'à la rive opposée, et elle put regagner son nid.

Ceux d'entre nous qui luttent désespérément pour connaître le Dieu sans forme et sans attribut sont comme cet oiseau blessé qui cherche à regagner son nid. Nous pouvons réaliser Dieu en L'adorant sous une forme précise, pourvue d'attributs. L'eau de la rivière n'avait pas de forme, mais elle s'est solidifiée en un morceau de glace, qui a permis à l'oiseau de traverser la rivière. De même, pour nous libérer de l'océan du *samsara*, l'adoration de Dieu avec une forme et des attributs doit nous accompagner en permanence. Alors, la brise favorable de la grâce divine nous mènera à la libération.

Dévotion fondée sur la crainte et dévotion fondée sur l'amour

Mes enfants, on demande parfois : « Quelle est l'importance de *bhaya bhakti* (dévotion empreinte de crainte) sur le chemin de la dévotion ? Ce genre de dévotion n'est-il pas malsain ? »

C'est là une vision erronée. Même si, dans la plénitude et la perfection de la dévotion, il n'y a pas de place pour la peur, une certaine dose de crainte aide assurément le débutant à grandir. Dieu, qui est l'unique protecteur de l'univers, est également celui qui distribue les résultats de leurs actions à tous les êtres. Dieu protège toutes les bonnes personnes et punit les mauvaises. Une personne consciente du fait qu'elle va devoir subir les conséquences de toutes ses mauvaises actions sentira une dose de crainte se mêler à sa dévotion. Cette crainte, cependant, la rend forte, car elle éveille son sens du discernement. Elle l'aide à cesser de commettre des erreurs et à avancer sur le bon chemin.

La *bhaya bhakti* n'est pas comme la peur qu'éprouve un esclave face à son maître. Elle ressemble plutôt à la crainte mêlée de respect que ressent un étudiant à l'égard de son professeur, ou à l'amour innocent qu'un enfant manifeste à sa mère. Telle est l'attitude que nous devons avoir envers Dieu.

Un enfant aime sa mère. Il pense réellement qu'elle est son unique protectrice. Mais il sait aussi que s'il commet une bêtise, elle n'hésitera pas à le punir. Un peu de crainte se mêle donc certainement à son amour pour elle. C'est cette crainte qui le prémunit de nombreux accidents et lui évite bon nombre d'erreurs. Un enfant est sujet à de multiples faiblesses et son immaturité lui fait souvent commettre des fautes.

Cependant, la crainte que sa mère ne se mette en colère et ne le punisse le détourne de ces erreurs. Cette crainte éveille son sens du discernement, et lui permet d'acquérir progressivement la force d'emprunter le bon chemin. La crainte ne l'empêche jamais de ressentir l'amour de sa mère. Mais elle l'aide à grandir.

Lorsqu'ils sont très jeunes, les enfants s'efforcent d'apprendre de leur mieux, par peur, sinon, d'être punis par leur professeur. Cette crainte les aide à surmonter leur paresse et à travailler dur pour atteindre l'excellence. Lorsqu'ils sont en âge d'intégrer les classes supérieures, cette peur disparaît. Mais ils ont alors acquis suffisamment de discernement pour poursuivre leurs études sans cet aiguillon. La peur n'a alors plus d'utilité. Ils éprouvent uniquement envers leurs professeurs un respect obéissant. La plupart des dévots ont la même attitude à l'égard de Dieu.

A mesure qu'un dévot progresse sur le chemin, la *bhaya bhakti* se transforme en une dévotion emplie d'amour. Dans cette forme de dévotion, il n'y a absolument aucune peur. Grâce à son amour pour Dieu, même la punition est accueillie avec joie et bonheur par le dévot. L'intensité de cette dévotion annihilera toute tendance à commettre une faute.

Un véritable dévot est pareil à un petit enfant assis sur les genoux de sa mère aimante. Il oublie tout le reste.

L'adoration des idoles

Quelqu'un m'a demandé récemment : « Au lieu d'adorer une idole, ne devrions-nous pas adorer le sculpteur qui l'a créée ? » Mes enfants, quand nous voyons le drapeau de notre pays, nos pensées vont-elles vers le couturier qui l'a confectionné ? Non. Personne ne se souvient de lui. Ce dont nous nous souvenons, c'est de notre nation. De la même façon, lorsque nous voyons une idole, nos pensées ne devraient pas se diriger vers le sculpteur, mais vers le principe que représente l'idole : le véritable Créateur – le Créateur de l'univers tout entier.

Pour comprendre l'adoration des idoles, il faut comprendre les principes qui la sous-tendent. En réalité, Dieu n'a pas de nom, de forme ni de demeure particuliers. Dieu se situe au-delà de l'espace et du temps. Sa nature est béatitude absolue. Il est la vérité sans forme ni attribut. Toutefois, pour la plupart des gens, adorer la divinité omniprésente de Dieu sans l'assistance d'un symbole concret est impossible. Nos esprits sont liés et attachés à ce monde matériel et à ses formes diverses. L'adoration d'une idole aide de tels esprits à se tourner vers l'intérieur. Là, ils peuvent progressivement en venir à reconnaître le Divin qui est le substrat de l'esprit.

Pour distinguer clairement notre reflet dans un miroir, il faut d'abord essuyer toute la poussière et la crasse qui en recouvrent la surface. De même, afin de voir notre véritable nature dans le miroir de l'esprit, nous devons d'abord éliminer toutes les impuretés qui s'y sont accumulées. L'adoration d'une idole purifie graduellement notre esprit et favorise des niveaux de concentration plus profonds. C'est pourquoi les anciens sages du Sanatana Dharma ont souligné l'importance de l'adoration d'idoles et des temples.

Certains affirment que pratiquer l'adoration d'idoles est le signe d'un esprit grossier. Cela ne peut être considéré comme vrai que lorsque l'adoration de l'idole s'enracine dans la conception erronée que Dieu réside uniquement en un lieu particulier, avec une forme particulière. Dieu est omniprésent. Dieu est la cause ultime de toute chose dans l'existence. Lorsque nous adorons une idole avec cette compréhension, cela ne peut jamais être grossier ; c'est un moyen valable de parvenir à la Réalisation du Soi. Si nous adorons l'idole par des prières égoïstes – des prières visant uniquement à satisfaire nos désirs personnels – alors, cela peut être considéré comme grossier. Mais la forme la plus grossière d'adoration d'idoles consiste à vénérer l'idole tout en blessant ou en humiliant son prochain.

Lorsque les gens disent : « N'adorez que Dieu ; n'adorez pas le démon », cela signifie en réalité qu'atteindre Dieu devrait être notre unique but. Le terme « démon » représente nos désirs de richesses, de statut social, et autres comportements égoïstes qui vont à l'encontre du *dharma.* Ce terme ne désigne pas le fait d'adorer Dieu sous différentes formes. L'adoration d'idoles a lieu quand des symboles et des idoles sont utilisés pour éveiller en nous le souvenir de Dieu. De ce point de vue, il est clair que bon nombre de personnes qui critiquent l'adoration d'idoles la pratiquent eux-mêmes.

Même si Dieu se situe au-delà d'un nom ou d'une forme, nous pouvons Le vénérer sous la forme que nous souhaitons. Sous un même toit, le père préférera peut-être adorer le Seigneur Shiva, la mère, le Seigneur Krishna, et le fils, Devi. D'où le terme *ishta-daivam*, notre « déité d'élection ». Il nous faut comprendre les principes qui sous-tendent l'adoration de Dieu sous des formes diverses. Un collier, un bracelet, une boucle d'oreille – tous sont en or. Leur substrat est l'or. De même, le substrat de l'existence est Dieu. Apprenons à reconnaître le substrat qui unifie ce monde diversifié en apparence. Quelle que soit la forme de notre *ishta-daivam* – Shiva, Vishnu, Muruga – nous devons reconnaître cette unité. Comprenons que toutes ces formes ne sont que les variations de l'Un. Ayant compris que les gens étaient issus de cultures différentes, les anciens sages ont accepté l'invocation de différentes formes pour adorer Dieu.

Par l'adoration d'idoles, nous devons atteindre l'ouverture d'esprit qui nous fera aimer et respecter toutes les formes de vie. En voyant Dieu dans l'idole et en Lui adressant nos prières, nous purifions notre esprit et nous élevons jusqu'à un niveau où nous pouvons reconnaître Dieu en tout. C'est le but ultime de l'adoration d'idoles. Tant de grandes âmes telles que Sri Ramakrishna Deva, Mirabai, Andal et Kannappa Nayanar ont atteint la libération par l'adoration d'idoles ! Puissent mes enfants s'éveiller également à ce niveau de vérité.

La spiritualité est-elle une fuite ?

Mes enfants, les gens demandent souvent si la spiritualité n'est pas simplement une manière de fuir la vie. Vous devez comprendre que la véritable spiritualité ne peut jamais être une fuite. La fuite est la voie des lâches. La spiritualité est la voie des braves. C'est une science qui nous enseigne comment être fort face à n'importe quelle crise et comment garder toujours présents en nous le bonheur et le contentement. La spiritualité nous aide à comprendre profondément la vie et à conserver envers elle l'attitude juste.

La spiritualité consiste à percevoir votre véritable Soi. C'est la recherche de qui nous sommes et du sens de la vie. Au travers de cette quête, nous pouvons comprendre la nature du monde et de ses objets. Actuellement, nous pensons que le bonheur réside dans les objets matériels. Mais si tel était le cas, pourquoi ne sommes-nous pas satisfaits une fois que nous les avons acquis ? Bien au contraire, on voit des millionnaires possédant un jet privé, un bateau et une magnifique demeure, toujours en proie à l'inquiétude et à la tristesse.

Deux familles vivaient dans un village, dans deux huttes voisines. Le chef d'une de ces familles économisa de l'argent et construisit une vraie maison. Son voisin commença alors à se tourmenter : « Il possède déjà sa propre maison. Moi, je vis toujours dans cette hutte. » Il lutta pour économiser de l'argent. Il en emprunta également un peu et engagea tous ses efforts dans la construction d'une maison, tout en rêvant du jour où il vivrait heureux dans sa nouvelle demeure. Quand sa maison fut enfin terminée, il exulta de joie. Il organisa une fête à laquelle il convia toute sa famille et ses amis, et vécut quelques temps heureux dans la nouvelle maison. Mais au bout de quelques mois, il commença à déprimer. « Quel est le problème ? » lui demanda un ami. Il répondit : « Notre voisin a installé l'air conditionné et posé un sol en marbre dans sa maison. A côté, la mienne est un taudis. »

La maison qui avait autrefois fait son bonheur était à présent une source d'amertume. Cette histoire nous prouve que le bonheur ne réside pas dans les objets matériels. En réalité, notre expérience du bonheur dépend de notre état d'esprit. Lorsque notre esprit aura atteint la paix, nous ferons facilement l'expérience du bonheur. Lorsque nous connaîtrons le secret du bonheur, nous cesserons de courir aveuglément après des biens matériels. Imprégnés de spiritualité, nous serons capables de voir en notre prochain notre propre Soi. Nous partagerons l'argent que nous avons en excédent avec les pauvres et les nécessiteux. Nous serons prêts à aimer et à servir les autres avec un cœur ouvert. Le véritable accomplissement spirituel consiste à avoir la force mentale d'affronter toutes les situations et à servir le monde avec compassion.

Le monde est-il une illusion ?

De nombreuses personnes demandent à Amma : « Pourquoi fait-on référence à ce monde en tant que *maya,* une illusion ? »

Mes enfants, une illusion est une chose qui dissimule la vérité, et qui nous éloigne de la vérité. Nous disons que le monde est une illusion parce qu'il peut nous cacher la vérité, la source de la paix éternelle. Quelle est notre expérience actuelle ? Nous croyons que les réussites matérielles, les relations et les objets nous apporteront le bonheur et la paix éternelle, et nous poursuivons ces buts avec passion. En réalité, cette quête nous éloigne de la paix. C'est cela *maya,* l'illusion.

Dans le rêve, le monde onirique nous semble parfaitement réel. Mais dès le réveil, nous comprenons que rien de tout cela n'était réel. De même, à cause de notre manque de discernement spirituel, nous vivons dans un monde onirique – un état de confusion. C'est seulement lorsque nous nous éveillerons et sortirons de cette ignorance que nous comprendrons ce qu'est réellement la Vérité.

Un jeune homme très pauvre pêchait un jour, assis au bord d'une rivière. Au bout d'un moment, il vit un éléphant s'approcher de lui, accompagné d'une foule nombreuse. L'éléphant tenait dans sa trompe une guirlande de fleurs. Il s'arrêta devant le jeune homme et déposa la guirlande autour de son cou. La foule applaudit avec enthousiasme. Les gens lui expliquèrent que tel était le rituel pour choisir le nouveau roi. Quelle que soit la personne choisie par l'éléphant et décorée de cette guirlande, elle deviendrait le prochain roi. Bientôt, le jeune homme fut couronné roi et épousa la princesse. Un jour, le jeune roi et son épouse se promenaient à cheval au sommet d'une montagne, non loin du palais, quand une violente tempête se leva, qui projeta chevaux et cavaliers dans le vide. La reine et les chevaux trouvèrent la mort. Cependant, s'agrippant dans sa chute à la branche d'un arbre, le jeune roi parvint à survivre. La branche était très haute mais il n'avait pas le choix. Il devait lâcher prise. Il ferma les yeux et se laissa tomber.

Quand il les rouvrit, il ne vit ni la montagne, ni les chevaux ni la princesse, mais la berge de la rivière et sa canne à pêche. Il comprit alors qu'il s'était assoupi. Tout n'avait été qu'un rêve.

Même si tout lui avait semblé très réel tandis qu'il rêvait, le jeune homme ne s'affligea pas d'avoir perdu sa reine ni son palais.

Actuellement, comme le jeune homme de cette histoire, nous vivons dans un monde de rêves, totalement ignorants de la réalité. Dans ce monde illusoire, la plupart des gens sont très attachés au succès et au profit, et redoutent l'échec et la perte. Quand les évènements ne tournent pas en leur faveur, ils ont le sentiment que leur monde s'écroule ! Ce monde, où le succès équivaut au bonheur et l'échec à la souffrance, est un rêve dont nous devons nous réveiller. C'est *maya*. Il existe une seule source de bonheur véritable, et c'est l'*atma*, notre véritable Soi. Nous devons nous éveiller à cette compréhension. Alors, quoi qu'il advienne dans notre vie, nous serons remplis de paix et de béatitude.

Si ce monde est *maya,* de quelle façon devons-nous l'aborder ? Faut-il le rejeter ? Certainement pas ! Abordons simplement ce monde et les diverses expériences auxquelles il nous confronte avec *viveka,* discernement. Alors, le monde lui-même nous guidera sur le chemin de la Vérité. Si nous parvenons à accomplir cela, nous serons capables de voir une part de bon en toute chose. Un meurtrier se sert d'une lame pour tuer, mais un chirurgien l'utilise pour sauver des vies.

Donc, au lieu de rejeter le monde en affirmant qu'il ne s'agit que d'une illusion, essayez de comprendre la valeur et les principes qui se cachent derrière chacune de vos expériences. Laissez cette compréhension vous guider. Ceux qui comprennent la nature de *maya* sont les véritables protecteurs du monde. Ils ne sont jamais victimes de l'illusion de *maya*. Ceux qui échouent à comprendre la nature du monde se détruisent eux-mêmes et deviennent, de surcroît, un fardeau pour les autres. Ceux qui perçoivent le bien en toute chose sont guidés vers le bien. A partir de là, ils réalisent la Vérité.

L'importance du guru

Mes enfants, certains demandent : « Si Dieu et le guru sont en définitive à l'intérieur, quelle est l'utilité d'un guru extérieur ? » Il est vrai que Dieu et le guru existent en nous, mais la plupart d'entre nous n'ont pas la capacité de connaître Dieu en eux-mêmes ou de s'imprégner des conseils du guru intérieur. Quelques rares personnes naissent avec certaines prédispositions et tendances spirituelles acquises lors de vies passées. De telles personnes sont peut-être en mesure de réaliser la vérité spirituelle sans l'aide d'un maître vivant, mais la plupart des gens ont besoin d'un guru.

Un *sadguru* est en réalité Dieu sous une forme humaine. Le guru guide le disciple, lequel est prisonnier de nombreux vices et faiblesses, avec une bonté et une patience extrêmes. Le guru fournit les instructions et dispense les enseignements et les éclaircissements nécessaires pour que nous puissions assimiler les principes spirituels sous leur forme la plus simple et la plus pure. Ainsi, pour le disciple, la place du guru se situe même au-dessus de Dieu.

La spiritualité est le pôle opposé du matérialisme. Par conséquent, lorsque nous abordons la vie spirituelle avec notre vision du monde matérialiste, nous échouons. Il nous faut un moment pour comprendre de quoi il retourne. Cependant le guru, dans sa patience infinie, explique et démontre, encore et encore, jusqu'à ce que le disciple ait réellement compris. La meilleure façon d'apprendre une langue étrangère est de vivre avec un natif du pays où cette langue est parlée. Le guru est le natif qui parle la langue de la spiritualité.

Ce que les Écritures nous enseignent est très subtil. C'est le secret de notre être véritable, qu'elles expliquent être la réalité même sur laquelle repose l'univers. Esclaves de notre mental et d'innombrables strates de tendances accumulées, nous ne disposons d'aucune grille de référence pour saisir une telle vérité. Tout ce que le guru nous enseigne est l'opposé de ce que nous avons toujours appris. Nous avons été conditionnés à penser que le bonheur provenait des objets, mais le guru nous dit : « Non, le bonheur vient seulement de l'intérieur. » On nous a dit de chercher à satisfaire nos désirs ; le guru nous explique qu'il est mieux de les transcender.

On nous a affirmé que nous sommes nés et que nous mourrons un jour ; le guru nous révèle que nous sommes sans naissance et immortels. Donc, pour l'essentiel, la tâche du guru consiste à nous refaçonner complètement.

Le guru peut être comparé à un sculpteur. Le sculpteur voit la sculpture dissimulée dans la pierre. A mesure qu'il en élimine les fragments inutiles à l'aide de son burin, la magnifique forme qui y était cachée apparaît. Ainsi, un véritable guru fait émerger la vérité au cœur du disciple. Lorsque le disciple suit les enseignements du guru et fait ses pratiques spirituelles, son ignorance disparaît et la vérité se manifeste.

Quand la pluie tombe au sommet d'une montagne, l'eau s'écoule vers le bas. Telle est la nature de notre esprit. A un moment, nous avons l'impression que notre esprit, pleinement exalté, évolue avec délectation dans les royaumes les plus élevés. Mais, l'instant d'après, il sombre au fond du ravin. Le guru connaît les faiblesses qui entachent l'esprit du disciple, et il sait comment l'aider à les transcender. Même si la nature de l'eau consiste à s'écouler vers le bas, cette même eau peut se transformer en vapeur et s'élever au contact de la chaleur du soleil. Le guru sait qu'en éveillant la conscience du disciple, l'esprit du disciple peut atteindre des niveaux plus élevés. C'est le but du guru. Il lutte avec constance pour l'atteindre. Une fois que la conscience et le guru intérieur du disciple seront pleinement éveillés, il n'aura plus besoin de l'aide d'un guru extérieur.

Toute parole énoncée par une personne éveillée est un *satsang*. Chacune de ses actions est une prière, une méditation. Chacune des respirations d'un tel être ne peut que bénéficier au monde.

Pour que le guru apparaisse, l'esprit de discipline doit d'abord s'éveiller. L'individu doit être prêt à se laisser discipliner. Un certain état de préparation est essentiel à toute acquisition de connaissance. Du point de vue du *sadguru,* une seule chose existe : l'unité immortelle. Il voit tout comme pure conscience. Pour lui, il n'y a ni guru ni disciple, ni mère ni enfant, seulement l'unité éternelle. Cependant, pour notre bien, le guru s'abaisse jusqu'à notre niveau. Un intense désir du disciple de connaître la réalité de son être véritable est indispensable.

Comment prier ?

Mes enfants, l'adoration par la prière est la meilleure façon d'établir une relation émotionnelle avec Dieu et de lui ouvrir notre cœur. C'est un pont qui relie le soi individuel au Soi suprême. Un petit enfant, en rentrant de l'école, laisse tomber son cartable et court vers sa mère. Il lui décrit avec enthousiasme toute sa journée, les histoires que le professeur a racontées, et les oiseaux qu'il a vus sur le chemin du retour. De même, prier nous aide à développer une relation sincère avec Dieu. Lui confier nos fardeaux nous aide à les alléger.

Considérons Dieu comme notre unique réconfort, notre meilleur ami, qui sera toujours auprès de nous, en toute situation et face à tous les dangers. Lorsque nous Lui ouvrons notre cœur, nous nous hissons sans le savoir vers les niveaux les plus élevés de la dévotion.

Toutefois, de nos jours, de nombreuses personnes méconnaissent le bon usage de la prière. Bon nombre s'imaginent que la prière n'est qu'un moyen de satisfaire leurs propres désirs terrestres.

Leur amour n'est pas dirigé vers Dieu, mais vers les objets matériels. Dans le monde d'aujourd'hui, il arrive même que les gens prient pour que d'autres personnes voient des catastrophes s'abattre sur elles.

Un véritable dévot ne doit jamais songer à nuire à quiconque. Voici en quoi doivent consister nos prières : « Oh, mon Dieu, je T'en prie ! Fais que je ne commette aucune faute ! Donne-moi la force de pardonner celles des autres ! Pardonne mes propres fautes et bénis chaque être de la création ! » Si nous prions de cette façon, nous connaîtrons la paix. Les vibrations de telles prières purifient l'atmosphère. Lorsque notre environnement devient pur, il produit également des effets favorables sur notre propre vie.

Les prières accomplies pour le bien du monde, quand elles sont totalement dénuées de désirs égoïstes, sont la forme de prière la plus élevée. Quand nous cueillons des fleurs pour les offrir en adoration à Dieu, nous sommes les premiers à apprécier leur beauté et leur parfum, même si telle n'était pas notre intention. Lorsque nous prions pour le bien du monde, nos cœurs deviennent très vastes. Et ces prières aident aussi le monde.

Pareil à une chandelle qui fond pour procurer de la lumière aux autres, un véritable dévot aspire à se sacrifier pour aider son prochain. Son but est de cultiver un esprit qui dispense du bonheur autour de lui, en oubliant ses propres souffrances. De telles personnes n'ont pas à errer en quête de Dieu ; Dieu viendra à elles. Il se tiendra à leurs côtés, comme un serviteur.

La Réincarnation

De nombreuses personnes veulent savoir si la réincarnation est une réalité. Si cette naissance-ci est réelle, pourquoi la renaissance ne serait-elle pas réelle ? C'est une erreur de penser que la vie puisse être appréhendée par la seule raison. La vie est un mélange de raison et de mystère. Il nous faut partir du principe que nous avons vécu avant cette vie et que nous vivrons après elle, parce que nous vivons maintenant. Tout, dans l'univers, est cyclique. Nous pouvons observer cette régularité dans le changement des saisons, la rotation de la terre autour du soleil, celle des planètes, et ainsi de suite. Ainsi, il est juste de partir du principe que la naissance et la mort sont elles aussi cycliques.

Des jumeaux conversaient un jour dans le ventre de leur mère. La sœur dit au frère : « Je crois qu'il y a une vie au-delà de celle-ci. » Le frère n'était pas d'accord. « Impossible. Il n'existe aucun monde au-delà du monde que nous voyons et que nous connaissons actuellement. Ce monde est confortable. Tous nos besoins sont satisfaits au travers de ce simple cordon. Nous n'avons rien d'autre à faire que nous maintenir reliés à lui. C'est tout. » La sœur répliqua : « J'ai la ferme conviction qu'il existe un vaste monde plein de vie au-delà de ce monde obscur ». Mais le frère n'acceptait pas du tout cette idée.

La sœur ajouta : « Qui plus est, et peut-être peineras-tu à le croire, mais je pense que nous avons une mère et qu'elle va nous donner le jour ».

« Une mère ? Tu en dis des âneries ! Ni toi ni moi n'avons jamais vu cette « mère ». Je ne pourrai jamais croire qu'une mère, que nous n'avons jamais rencontrée, existe. »

La sœur renchérit : « A certains moments calmes et silencieux, je l'entends chanter. J'arrive alors à ressentir son amour et sa tendresse, qui nous enveloppent de leur caresse ».

Les saints et les sages, qui possèdent la connaissance de la Vérité, ont répandu les premiers la connaissance de la renaissance au monde. Nous n'expérimentons pas pleinement le résultat des bonnes et des mauvaises actions que nous accomplissons dans cette vie. Nous les expérimenterons dans les vies à venir. La raison d'être de la réincarnation est de recueillir les fruits de nos actions.

Au moment de la mort, l'être quitte le corps imprégné de bonnes et de mauvaises tendances. Il ne peut pas agir selon ces tendances latentes sans un corps grossier. Donc, après la mort, la vie entre de nouveau dans un corps adéquat pour lui. Si nous ne parvenons pas à nous souvenir des paroles d'une chanson que nous avons apprise dans notre jeunesse, pouvons-nous affirmer pour autant que nous ne l'avons jamais apprise ? De même, si nous ne pouvons pas nous souvenir des expériences et des incidents d'une vie passée, nous ne pouvons pas affirmer ne pas avoir eu d'existence antérieure. Les personnes ordinaires que nous sommes ne peuvent se rappeler une vie passée. Mais lorsque l'esprit deviendra subtil grâce à la méditation, nous pourrons connaître nos vies antérieures.

Dieu est-Il partial ?

Certains enfants demandent à Amma si Dieu aime les bons et déteste les méchants. En réalité, Dieu n'est pas partial. Dieu voit tout le monde de la même façon.

Le soleil brille pareillement sur tous les êtres, sensibles et insensibles. Dire « Dieu ne m'aime pas » équivaut à fermer les portes et les fenêtres de la pièce où je me trouve, puis à me plaindre que le soleil refuse de me dispenser sa lumière. La rivière donne la même quantité d'eau au santal et à l'érythrine indienne qui poussent sur ses berges. La rivière ne peut pas être blâmée du fait que le santal est parfumé et que l'érythrine est épineuse. De même, Dieu répand équitablement sa grâce sur tout le monde, mais notre aptitude à recevoir cette grâce dépend de la nature de notre esprit.

La plupart des gens prient Dieu parce qu'ils désirent quelque chose. Tandis que le fabriquant de cercueils demande : « Oh, mon Dieu ! Fais que quelqu'un meure aujourd'hui pour que je puisse vendre au moins un cercueil », l'épouse et les enfants d'un malade prient pour que leur époux ou leur père guérisse au plus vite. Laquelle de ces prières Dieu doit-Il exaucer? Ce qui arrivera à ces personnes est le résultat de leurs propres actions. Il est vain d'en blâmer Dieu. Dieu distribue les résultats du *karma* de chacun, mais Il n'est jamais partial.

Les fruits de nos actions sont leur exact reflet. Si nous accomplissons de bonnes actions, nous connaîtrons le bonheur. Si nous commettons de mauvaises actions, il nous faudra connaître la souffrance. Cette règle est la même pour tous. Il en est pourtant qui accomplissent leurs actions en adoptant cette attitude intérieure : « Je ne suis pas celui qui agit ». Ils offrent toutes leurs actions à Dieu et accomplissent leur *karma*. L'égoïsme et l'ego sont moindres chez de telles personnes, et elles seront davantage en mesure de recevoir la grâce de Dieu.

Le soleil se reflète parfaitement dans l'eau claire, mais ses reflets sont flous dans l'eau trouble. De même, un esprit entaché d'arrogance, d'égoïsme et autres souillures a du mal à ressentir la grâce de Dieu. Un cœur, pour cela, doit être pur. La personne doit avoir de la compassion pour ceux qui souffrent. Sur de tels êtres, la grâce de Dieu se répand d'elle-même.

Amma se remémore un incident, survenu dans un ashram où de nombreuses personnes s'étaient rendues pour recevoir la bénédiction du *mahatma* qui vivait là. Tandis qu'il accueillait les visiteurs, un petit enfant vomit par terre. Certaines personnes, incommodées par l'odeur insupportable, se couvrirent le nez. D'autres contournèrent les vomissures. D'autres critiquèrent le manque d'hygiène de l'ashram et s'en allèrent. D'autres encore, allèrent se plaindre : « Guru, un enfant a vomi là-bas. Cela sent vraiment mauvais. Tu devrais dire à quelqu'un de nettoyer le sol ». Entendant cela, le *mahatma* se leva dans l'intention de nettoyer lui-même le sol. Mais lorsqu'il atteignit l'endroit souillé, il vit un petit garçon qui ramassait les vomissures et lavait le sol à l'eau et au savon. Le lieu était bondé de gens, mais seul ce petit garçon avait eu l'idée de se charger de cette corvée. Les autres n'avaient fait que se plaindre. L'attitude désintéressée du garçonnet, qui agissait joyeusement pour le bien-être des autres, émut le *mahatma*. Son cœur fondit de tendresse, il ressentit une bouffée d'amour et de compassion pour l'enfant et se dit : « Si plus de gens faisaient comme ce petit garçon, le monde serait un paradis ».

Tous étaient égaux aux yeux du mahatma. Il éprouva néanmoins une compassion particulière envers le petit garçon. L'initiative de nettoyer ainsi le sol, avec la même ardeur qu'il aurait mise à laver son propre corps, faisait de l'enfant un réceptacle idéal de la grâce du guru. Il en est ainsi de la grâce divine. Dieu répand en permanence Sa grâce sur tous. Comme l'eau vient remplir le trou que nous creusons au bord de la rivière, la grâce de Dieu afflue dans un cœur empli d'altruisme, de compassion et de vertu.

Dieu est impartial. Il est au-delà de toutes les différences, Il a une vision égale et est détaché. A nous de purifier nos actions et notre attitude, et d'avoir une foi indéfectible en Sa volonté. Si nous y parvenons, nous recevrons certainement la grâce de Dieu. Nous serons capables de conserver la paix et le contentement intérieurs dans le bonheur comme dans le malheur, dans le profit comme dans la perte, dans le succès comme dans l'échec.

L'essence de la spiritualité

La mort n'est pas la fin

Mes enfants, le désir de survivre et la peur de la mort sont naturels. Les êtres humains ont peur de la mort parce que, en mourant, nous perdons tout ce que nous avons si durement œuvré à accumuler. Nous pouvons surmonter cette peur, mais à cette fin, apprenons à faire face à la mort de notre vivant.

Dans un hôpital, deux patients étaient étendus sur leurs lits de mort respectifs. L'un était un écrivain à la renommée internationale et l'autre, une fillette de douze ans. Malgré tous les efforts des médecins pour les sauver, aucun des traitements qui leur avaient été administrés ne fonctionnait plus. L'homme, le visage marqué par la souffrance physique et morale qu'il endurait, se lamentait : « Que va-t-il advenir de moi ? Tout me semble sombre. Je n'entrevois aucune lumière ! ». Lors de ses derniers moments, il fut envahi par la peur et par un sentiment de solitude.

L'état d'esprit de la petite fille était totalement différent. Elle savait également que sa mort approchait. Malgré cela, elle était très joyeuse. Son sourire rayonnait en permanence sur son petit visage. Par contraste avec les tourments de l'écrivain, les médecins et les infirmières étaient étonnés par la sérénité de la fillette. Ils demandèrent : « Mon enfant, tu souris comme si tu n'étais pas consciente de ton état. N'as-tu pas peur de mourir ? » L'enfant répondit innocemment : « Pourquoi aurais-je peur de la mort, alors que mon Dieu bien-aimé est près de moi à chaque instant ? Je L'entends m'appeler : « Mon enfant, viens à moi ». Elle trépassa quelques jours plus tard, un sourire aux lèvres.

L'écrivain avait peut-être acquis renom et célébrité, mais quand la mort vint le chercher, il fut totalement anéanti. La fillette, par contre, avait établi une relation aimante avec Dieu. Elle croyait fermement qu'elle était en sécurité entre Ses mains et n'éprouvait aucune peur face à la mort. Pour affronter la mort sans peur et avec le sourire, nous devons soit avoir la foi innocente de cette enfant, soit penser : « Je ne suis pas ce corps, Je suis le Soi. Le Soi ne meurt jamais ».

Voici un récit tiré des Upanishads : Uddalaka était un grand sage. Il avait un fils âgé de vingt-quatre ans qui se nommait Svetaketu. Après avoir étudié de nombreuses années dans l'ermitage de son guru, Svetaketu regagna la maison de son père. Il pensait tout maîtriser sous le soleil. Percevant immédiatement chez son fils cette fierté illusoire, Uddalaka voulut l'en corriger.

Un jour, il appela Svetaketu et lui dit : « Mon fils, je crois que tu as l'impression de maîtriser tous les savoirs de cette terre, mais as-tu acquis la connaissance grâce à laquelle ce qui n'est pas entendu est entendu, ce qui n'est pas compris est compris, et ce qui est ignoré est connu ? »

Svetaketu demanda : « Quelle est cette connaissance, père ? »

« Mon enfant, » répliqua son père, « de même que par une simple boule d'argile tout ce qui se compose d'argile est connu, une fois la connaissance dont je te parle acquise, on possède la connaissance de tout. »

« Il se peut que mes maîtres révérés aient ignoré ce savoir. Sinon, ils me l'auraient transmis. Père, je t'en prie, peux-tu m'éclairer ? »

« Qu'il en soit ainsi, » répondit Uddalaka. « Apporte-moi un fruit de ce banyan, là-bas. »

Voici, père.

Ouvre-le.

C'est fait.

Que vois-tu ?

Des graines, père, extrêmement petites.

Coupes-en une en deux.

Elle est coupée, père.

Que vois-tu ?

Rien du tout. »

« Mon fils, dit Uddalaka, c'est de cette essence subtile que tu ne peux pas percevoir qu'a surgi cet immense banyan. Cette essence subtile est le substrat de toute existence. Mon cher garçon, Cela, cette essence, la plus pure qui soit, constitue l'âme de l'univers tout entier. Tu es Cela, Ô Svetaketu. Tout surgit de ce soi-disant « rien ».

C'est cela, le mystère de la vie. Un jour, quand l'arbre disparaîtra, et ceci vaut pour toute autre chose, tu ignoreras où il est parti. C'est le cas de tous les êtres vivants. Nous émergeons de l'infinitude du néant. En réalité, alors même que nous vivons dans ce monde, nous ne sommes rien. A la fin, nous disparaissons de nouveau dans l'océan du néant. Toutefois, ce néant n'est pas un vide mais pure conscience, dépourvue de toute division, celle que les Écritures appellent *sat-cit-ananda*, pure existence, pure conscience, pure béatitude.

En réalité, nous venons de cette totalité de la conscience, et nous retournons à cette même totalité. C'est pourquoi les grands maîtres affirment que la mort, si on la regarde positivement, peut être une expérience transformatrice et belle. Quand nous considérons la mort en restant enfermés dans notre petit monde de limitations, nous éprouvons une crainte immense. A l'inverse, lorsque nous la considérons du point de vue de la totalité, cette vision nous libère de toute peur, de toute anxiété et de toute angoisse. Elle nous transporte au-delà de toute limitation.

En fait, la mort n'est pas la fin de la vie. Nous terminons chaque phrase par un point, pour pouvoir écrire la phrase suivante. La mort est pareille à ce point. La mort pour ceux qui naissent, et la naissance pour ceux qui meurent, sont préétablies. La mort est simplement une continuation de la vie. Si nous plaçons notre foi en Dieu et si nous sommes conscients de la vérité, nous pouvons assurément vaincre la mort et la peur de la mort.

La Béatitude suprême ici et maintenant

Mes enfants, les Écritures disent que le but ultime de la vie humaine est la libération. Cela ne consiste pas à connaître le bien-être ou la joie au paradis, ni à arriver dans la demeure de notre déité d'élection. La libération est la béatitude suprême ici et maintenant. C'est la liberté face à toute forme de servitude émotionnelle et intellectuelle – un état dans lequel toutes les souffrances disparaissent et où vous vous sentez en paix, en toute circonstance.

C'est une erreur de penser que la libération est quelque chose que l'on atteint après la mort. La libération doit être expérimentée au cours de notre vie dans ce monde. C'est là qu'elle est le plus nécessaire. C'est tandis que nous existons ici, dans ce monde, tandis que nous évoluons dans le chaos et la confusion de situations diverses – physiques, émotionnelles et intellectuelles – que nous devrions connaître cette magnifique expérience d'indépendance totale. Cette expérience n'est pas une fuite devant la vie. Elle consiste au contraire à la vivre pleinement, en acceptant tout ce qu'elle place sur notre chemin. L'arc-en-ciel ne nous comble d'un sentiment de beauté et de joie que lorsque nous apprécions toutes ses couleurs de façon égale.

De même, tout l'intérêt et toute la beauté de la vie résident dans le fait de percevoir son unité dans et à travers toutes ses contradictions. Contemplez cette unité partout et en tout, puis entrez en action dans ce monde. La spiritualité n'est alors pas une négation, mais une affirmation de la vie.

La vie est faite d'une multitude de paires d'opposés. Nous ne pouvons pas imaginer un monde sans bien-être et sans épreuves, sans naissance et sans mort, sans lumière et sans obscurité. La souffrance survient lorsque nous n'acceptons qu'un seul aspect de la vie et rejetons l'autre. Nous aimons être toujours en bonne santé, mais refusons d'être malades. Nous acceptons la vie, mais rejetons la mort. Nous apprécions le succès, mais nous détestons l'échec. La vie ne peut exister sans expériences duelles. Accepter la vie dans sa totalité, considérer toutes les dualités comme les différentes faces du même phénomène de vie, la conscience une et indivisible, est le sommet de la réalisation spirituelle. Alors seulement nous serons libérés de toute souffrance et pourrons expérimenter un bonheur ininterrompu en toute situation.

Si nous comprenons que le bien-être ET les épreuves sont la nature intrinsèque de la vie, nous pourrons les accepter avec équanimité.

Un *sannyasin* vivait dans une simple hutte, dans un village. Les gens le respectaient à cause de son style de vie pur et ascétique. La fille d'un commerçant de ce village tomba enceinte. Au début, elle refusa de dire qui était le père de l'enfant. Mais sous la pression de sa famille, elle désigna finalement le *sannyasin*. Le père de la jeune fille, après avoir injurié le *sannyasin*, décréta : « Puisque tu as ruiné la réputation de ma fille, tu devras élever l'enfant ».

Sans une once de gêne ou de colère, le *sannyasin* acquiesça : « Qu'il en soit ainsi ».

Dès que la jeune fille donna naissance à l'enfant, son père le confia au *sannyasin*. Les villageois, qui haïssaient à présent le moine, se mirent à l'insulter régulièrement, mais jamais il ne s'en offensa. Il se contenta d'élever l'enfant avec amour. Au bout d'un an, prise de remords, la jeune fille avoua à son père que le *sannyasin* n'était pas le père du bébé ; il s'agissait en réalité d'un jeune du voisinage. Le commerçant alla sur-le-champ présenter ses excuses au *sannyasin*. « Pardonne-moi d'avoir douté de toi et de t'avoir insulté. Nous allons reprendre l'enfant. »

« Qu'il en soit ainsi, » répliqua simplement le *sannyasin.*

Notre véritable nature est l'unique source de paix qu'aucun problème sur cette terre ne peut venir troubler. Ceux qui ont compris cette vérité savent que rien n'est séparé d'eux. Ils voient la conscience suprême dans tous les êtres, vivants ou inertes, et ils aiment et servent tout le monde. Ils accueillent toute circonstance, quelle qu'elle soit, avec équanimité.

La vie et l'amour ne sont pas deux choses différentes mais ne font qu'un. Sans amour, il n'y a pas de vie, et inversement. Ce principe fondamental, traduit en action, est la spiritualité. C'est cela, la réalisation du soi, ou libération. Dans le monde entier, on dit : « Je t'aime. » Mais l'amour semble pris au piège entre le « je » et le « toi ». Les pratiques spirituelles nous aident à progresser vers la réalisation de l'ultime vérité : « Je suis amour ».

Pour parvenir à cet état, nous devons comprendre la spiritualité et fournir des efforts conscients.

La spiritualité est la compréhension de la nature de l'esprit. C'est une science qui nous enseigne comment connaître la joie et le contentement, sans être sujet à l'agitation ou au tourment, ni être pris dans les hauts et les bas de l'existence. C'est, dans la vie, d'une importance capitale.

Religion et spiritualité

Toute foi a deux aspects : l'aspect religieux et l'aspect spirituel. La religion est sa coquille extérieure ; la spiritualité en est l'essence intérieure. La spiritualité, c'est s'éveiller à sa propre nature. Ceux qui font l'effort de connaître leur véritable Soi sont les vrais dévots. Une personne qui, quelle que soit sa confession, comprend les principes spirituels profonds et les met en pratique, peut atteindre le but ultime de l'unité avec Dieu. Mais si nous échouons à intégrer les principes spirituels, la religion se mue en une foi aveugle, qui nous emprisonne. C'est l'unité des cœurs qui amène l'unité religieuse. Si cette unité est absente, il sera impossible à l'humanité de se rassembler et d'œuvrer de concert pour le bien collectif. Nous ne ferons alors que nous éloigner les uns des autres ; nos efforts seront fragmentés et leurs résultats, incomplets.

La religion est comme un panneau indicateur, désignant un but, une direction. Le but est l'expérience spirituelle. Par exemple, imaginez qu'une personne nous désigne un arbre du doigt et nous dise : « Regarde cet arbre. Tu vois ce fruit sur cette branche ? Si tu le manges, tu atteindras l'immortalité ! »

Si quelqu'un nous fournissait pareille indication, nous devrions grimper aussitôt à l'arbre, cueillir le fruit et le manger. Mais si, au lieu de cela, nous nous intéressons uniquement à l'index que la personne pointe sur l'arbre, nous ne savourerons jamais le fruit. C'est ce qui se passe lorsque les gens s'accrochent aux versets des Écritures plutôt que de saisir les principes qu'elles exposent, de s'en imprégner et de les mettre en pratique.

Se contenter de lire les textes religieux sans chercher à s'imprégner de leurs principes revient à être assis dans un bateau sans utiliser les rames pour atteindre l'autre rive. Comme le bateau, les Écritures sont un moyen, non une fin en soi.

A cause de notre ignorance et de notre compréhension limitée, nous confinons les *mahatmas* dans les petites cages de la religion. Les paroles des *rishis* et des *mahatmas* sont des clés pour ouvrir le trésor de notre Soi. Mais notre compréhension erronée nous fait utiliser ces mêmes clés pour nous quereller les uns avec les autres. De cette façon, nous réussissons uniquement à gonfler encore davantage nos egos et à construire notre propre prison. Si cela continue, la compréhension et la collaboration interreligieuses demeureront à jamais un rêve lointain.

Un artiste renommé peignit un jour le portrait d'une jeune femme si ravissante que tous ceux qui le contemplèrent s'éprirent d'elle. Ils demandèrent au peintre si cette femme était sa bien-aimée. Il répondit que non, et tous éprouvèrent aussitôt le désir de l'épouser et d'empêcher les autres de le faire. « Où se trouve cette beauté ? Nous voulons la trouver, » demandèrent-ils avec véhémence.

Le peintre leur répondit : « Je suis désolé, mais en fait, je ne l'ai jamais vue. Elle n'a ni nationalité ni langue, ni religion. La beauté que vous voyez en elle n'est celle d'aucun être en particulier. J'ai simplement donné des yeux, un nez et une forme à la beauté que je contemplais intérieurement. »

Mais aucun d'eux ne le crut. Ils se mirent en colère et l'accusèrent de leur mentir. « Tu veux juste la garder pour toi ! » Le peintre répliqua calmement : « Non, je vous en prie, ne croyez pas que ce tableau soit un portrait réaliste. Vous aurez beau fouiller la terre entière, vous ne la trouverez pas ; elle est simplement la quintessence de la beauté ».

Mais ils ignorèrent ses paroles et s'entichèrent du portrait. Dans leur désir intense de posséder cette femme superbe, ils se querellèrent, se battirent, et tous périrent. C'est ainsi que nous agissons. Aujourd'hui, nous cherchons un Dieu qui demeure uniquement dans des tableaux et des Écritures. Dans cette quête, nous nous sommes égarés.

Alors que les *mahatmas* accordent de l'importance aux valeurs spirituelles, ceux qui les suivent en accordent davantage aux institutions. Le résultat, c'est que les mêmes religions qui avaient pour vocation de répandre la paix et la sérénité dans le monde, en reliant les gens entre eux sur le fil de l'amour, sont devenues des causes de guerre et de conflit.

Les *mahatmas* sont l'incarnation de la spiritualité. Leurs vies désintéressées sont la véritable demeure de la religion. Le meilleur raccourci pour comprendre la spiritualité et savoir comment la pratiquer est donc d'observer les *mahatmas*. Le pouvoir de toute confession réside dans la spiritualité. La spiritualité est le ciment qui consolide l'édifice de la société.

Mener une vie prétendument « religieuse » sans assimiler la spiritualité équivaut à construire une tour en empilant simplement des briques, sans utiliser aucun ciment. La tour s'effondrera aisément. La religion sans la spiritualité est inerte, sans vie, comme un organe interne qui serait coupé du système circulatoire.

Le créateur et la création

Mes enfants, le créateur et la création ne sont pas deux choses différentes mais ne font qu'un, tel est le message du Sanatana Dharma. La raison en est que rien n'est séparé du créateur et donc, le créateur et la création sont une seule et même chose. De nombreux exemples sont donnés dans les Écritures, qui illustrent la relation entre le créateur et la création. Même s'ils se présentent sous des formes et des tailles différentes, des bijoux en or ne sont en réalité que de l'or.

Quel que soit le nombre de vagues dans la mer, aucune d'elle n'est séparée de l'océan. De même, Dieu et l'univers ne sont pas séparés, mais un. La danse naît du danseur. Avant, pendant et après la danse, il n'y a que le danseur. Ainsi, avant la création, pendant la création et après que la création ait disparu, il n'y a que Dieu. Tout est Dieu et Dieu seul. Le Sanatana Dharma nous enseigne qu'il n'existe rien d'autre que Dieu.

Un monarque demanda à tous les artistes de son royaume de peindre un tableau qui exprimerait la véritable beauté de la chaîne de l'Himalaya. De nombreux artistes participèrent. Chacun d'eux peignit des images d'une beauté exquise. Le roi et son ministre s'attelèrent à la sélection de la meilleure œuvre. Chaque tableau semblait être encore supérieur au précédent. Ils arrivèrent finalement au dernier.

L'artiste dévoila sa toile. C'était, de l'Himalaya, la plus belle représentation qui puisse exister. On avait le sentiment de se tenir à côté de la véritable montagne. Alors, de façon incroyable, l'artiste commença à gravir la montagne peinte dans son tableau. Tandis que le roi et son entourage observaient la scène, l'artiste fit l'ascension de la montagne jusqu'à son sommet le plus élevé. Puis il disparut à l'intérieur du tableau.

Dieu est comme l'artiste de cette histoire. Dans sa création de l'univers, Dieu imprègne tout. En même temps, Il semble être invisible. Du fait que nous ne pouvons pas percevoir Dieu à l'aide de nos cinq sens ou de notre esprit, Il demeure, pour nous, caché. Néanmoins, parce que Dieu est notre véritable Soi, nous pouvons en faire l'expérience. Ainsi, lorsque nous réalisons Dieu à l'intérieur de nous, nous pouvons expérimenter cette vérité : Dieu et l'univers ne font qu'un.

Dieu n'est pas un individu assis au-delà des cieux, sur un trône en or. Dieu est la divinité qui imprègne toute chose. Si notre doigt s'enfonce par accident dans notre œil, nous pardonnons au doigt et nous soulageons l'œil. Parce que le doigt, comme l'œil, ne sont pas séparés de nous. De même, notre *dharma* consiste à aimer et à servir jusqu'à la plus infime forme de vie, avec la conscience que Dieu réside en toute chose. C'est la plus grande adoration de Dieu.

L'essence de toutes les religions

Mes enfants, Dieu vit dans notre cœur. La véritable nature de Dieu et notre propre véritable nature sont une seule et même chose. Les religions nous enseignent que Dieu a créé l'homme à son image. Dès lors, nombre d'entre nous peuvent se demander pourquoi nous sommes incapables de ressentir la présence de Dieu et d'expérimenter le véritable bonheur. Il est vrai que la nature de Dieu est une avec la nôtre et identique à elle. Mais c'est à cause de notre ignorance et de notre ego que Dieu, notre véritable nature, nous demeure caché ; nous sommes incapables de Le connaître. Au lieu de cela, ce sont les tourments et la souffrance que nous expérimentons.

En réalité, toutes les religions nous montrent le chemin de la vraie béatitude. Cependant, la plupart d'entre nous échouent à saisir les véritables enseignements de la religion. Nous sommes uniquement obnubilés par les rituels et les coutumes ostentatoires. Imaginez des dizaines de pots remplis de miel. Si nous ne sommes pas capables de voir au-delà des différentes formes et couleurs des pots, comment pourrons-nous jamais savourer la douceur du miel ? Tel est notre état d'esprit actuel. Au lieu de chercher à comprendre l'essence des enseignements de notre religion, nous restons plantés là, captivés par ses aspects superficiels.

Un homme décida un jour de fêter en grande pompe son cinquantième anniversaire. Il fit imprimer des cartons d'invitation de la plus belle facture, repeindre et décorer toute sa maison et ses abords. Il fit également l'acquisition d'un magnifique lustre qu'il suspendit au centre de la salle de banquet. Il s'acheta des vêtements onéreux, une bague en diamant et une chaîne en or, et loua les services d'un chef renommé pour préparer un festin de mets recherchés.

Enfin, le grand jour arriva. L'heure d'arrivée des invités approchant, il mit ses vêtements neufs, la bague et la chaîne, puis attendit dans la salle de réception. Le festin était prêt ; des serveurs en livrée se tenaient autour de la table. Mais personne ne vint. L'heure passant, l'homme sentit croître son inquiétude. « Où sont-ils tous ? » C'est alors qu'il remarqua la pile d'invitations posée sur sa table.

Pris dans le tourbillon des préparatifs, il avait simplement oublié de les poster.

Nous ressemblons énormément à cet homme. Tout occupés à mener nos existences affairées, nous oublions le but essentiel de l'existence. De ce fait, nous sommes incapables de connaître la paix et le contentement véritables.

Ceux qui sont absorbés dans les aspects superficiels de la religion passent souvent à côté de son essence véritable. Ils ne parviennent pas à ressentir la présence de Dieu en eux. Là où un jardinier tondant une pelouse ne verra devant lui que de « l'herbe », un herboriste distinguera, dissimulées dans l'herbe, des plantes aux précieuses vertus médicinales. A l'instar de cet herboriste, comprenons et assimilons les véritables valeurs placées au cœur de notre religion, ses principes fondamentaux.

Mes enfants, essayez de comprendre l'essence profonde de votre religion et apprenez les principes réels qui sous-tendent les rituels et les célébrations. C'est seulement ainsi que vous pourrez percevoir la présence de Dieu à l'intérieur de vous.

L'amour de soi

Mes enfants, nous vivons à une époque où non seulement les gens détestent les autres, mais ils se haïssent eux-mêmes. C'est pourquoi nous voyons augmenter le nombre des suicides et autres attitudes psychiques destructrices. Toutes les religions, les leaders spirituels et les psychiatres soulignent l'importance d'aimer non seulement les autres mais de s'aimer aussi soi-même.

Les gens pensent généralement que « s'aimer soi-même » signifie aimer son corps physique. Un grand nombre d'entre nous consacrent beaucoup de temps et d'argent à lutter pour préserver leur santé et leur beauté physique. Au réveil, beaucoup de gens passent des heures devant leur miroir. Ils fréquentent, à grands frais, les salons de beauté et les salles de gym. Certains tentent d'éclaircir leur peau foncée, d'autres, de brunir leur peau claire. Certains teignent leurs cheveux blancs en noir. D'autres, leurs cheveux bruns en rouge ou même en vert. S'il est indispensable d'apporter certains soins fondamentaux à notre corps et à notre santé, bon nombre de ces usages sont excessifs. Mais pense-t-on au temps précieux ainsi gaspillé ? La tragédie, c'est que personne ne semble fournir le moindre effort pour rendre son cœur et son esprit meilleurs.

Un grand magasin comportait plusieurs étages mais n'avait pas suffisamment d'ascenseurs, si bien que les clients étaient contraints d'attendre un long moment leur arrivée. Fatigués d'attendre, certains commencèrent à se plaindre et à s'agiter dans le magasin. Le directeur comprit que s'il ne réglait pas le problème au plus vite, les affaires risquaient d'en pâtir. Il chercha une solution et eut finalement une idée.

Il disposa plusieurs miroirs à l'endroit où les clients attendaient les ascenseurs. Il en fit également installer sur les parois des ascenseurs. Dès lors, toutes les plaintes cessèrent. Personne ne vit plus passer le temps, parce que tous étaient totalement occupés à se regarder dans le miroir, à se recoiffer, à se maquiller. Ils continuaient même à le faire dans l'ascenseur.

De même que nous nettoyons et embellissons notre corps, il nous faut également purifier notre esprit. Comment faire ? En éliminant sur-le-champ toute pensée ou émotion négative et nuisible qui s'y insinue. Il nous faut aussi entraîner notre intellect à penser avec discernement. Pour cela, nous devons acquérir une connaissance spirituelle, en écoutant des *satsangs* et en passant du temps auprès de *mahatmas* et d'autres personnes enclines à la spiritualité. Laisser rayonner à l'extérieur l'essence divine qui est en nous, voilà ce que signifie véritablement « s'aimer soi-même ».

La vie de famille

N'emprisonnez pas votre amour à l'intérieur

Mes enfants, de nombreuses femmes me disent : « Lorsque je confie à mon époux les souffrances que j'éprouve en mon cœur, il ne me console jamais. Il ne me manifeste pas la plus petite parcelle d'amour ». Les hommes, confrontés à ces affirmations, répondent : « Ce n'est pas cela. Je l'aime profondément, mais elle ne fait que se plaindre ». Chacun d'eux aime l'autre, mais aucun des deux ne bénéficie de cet amour. Ils sont comme deux individus qui meurent de soif, alors qu'ils vivent au bord d'une rivière.

En réalité, il y a de l'amour en chacun. Mais l'amour qui n'est pas exprimé est comme du miel emprisonné dans une pierre. Nous ne pouvons pas en savourer la douceur.

Ne gardez pas votre amour enfermé dans votre cœur. Manifestons notre amour dans nos paroles et nos actions. Aimons-nous les uns les autres à cœurs ouverts. Apprenons à dispenser notre amour.

Un moine visita un jour une prison. Il manifesta de l'amitié aux prisonniers. Parmi eux se trouvait un jeune homme. Il posa sa main sur l'épaule du jeune homme, lui caressa le dos avec amour et demanda : « Mon garçon, pourquoi t'es-tu retrouvé ici ? » Le visage ruisselant de larmes, le jeune prisonnier répondit : « Si, dans mon enfance, quelqu'un avait posé la main sur mon épaule et m'avait parlé avec gentillesse, je n'aurais jamais atterri dans cette prison ».

Donner de l'amour aux enfants, particulièrement durant leurs plus jeunes années, est d'une importance capitale. C'est pendant leur enfance que nous devons les entraîner à recevoir et à donner de l'amour en retour. L'amour ne doit pas être tenu caché au fond d'un cœur. Il est fait pour être prodigué par nos paroles, nos regards et nos actions. L'amour est la seule richesse qui rende une personne plus heureuse de donner que de recevoir. Il est notre richesse invisible.

Alors, réveillons l'amour qui est en nous. Qu'il s'exprime au monde par nos actions, nos paroles et chacun de nos gestes. Ne confinons pas l'amour entre les murs d'une religion, ne le limitons pas à une foi ou à une caste. Laissons-le s'écouler librement partout et en tout lieu. Puissent nos cœurs s'étreindre mutuellement, s'éveiller et partager le merveilleux amour qui nous habite. Puisse l'amour étreindre tous les êtres et se répandre. Alors, nos vies seront bénies et divines.

La culture dans l'éducation

Mes enfants, jadis, dans notre pays, la conscience des principes spirituels était considérée comme l'aspect le plus important de l'existence. Aujourd'hui cependant, l'importance de la spiritualité est supplantée par celle du savoir matériel. Il est vain de vouloir revenir en arrière. Pareils efforts n'aboutiraient qu'à de la déception. L'important à présent, est d'apprendre comment aller de l'avant en préservant ce qui reste de notre belle et noble culture.

Par le passé, les enfants n'étaient envoyés à l'école qu'à l'âge de cinq ans. De nos jours, nous les inscrivons parfois à l'école maternelle dès l'âge de deux ans et demi. Jusqu'à ce que les enfants atteignent l'âge de cinq ans, nous devrions leur manifester uniquement de l'amour. Nous ne devrions entraver d'aucune manière leur liberté. Ils doivent pouvoir jouer comme ils le souhaitent. Tout ce que nous avons à faire est d'assurer leur sécurité, les empêcher de se brûler et de tomber à l'eau.

Aussi espiègles qu'ils soient, nous devons uniquement leur manifester de l'amour. Même quand nous leur indiquons leurs fautes, faisons-le avec beaucoup d'amour. De même qu'ils ont vécu protégés neuf mois durant dans le ventre de leur mère, ils doivent, durant les cinq premières années qui suivent leur naissance, rester protégés au sein d'une autre matrice, une matrice d'amour. Mais telle n'est pas la situation aujourd'hui.

Au nom de l'éducation, nous plaçons sur les épaules de nos enfants un fardeau bien trop lourd pour leurs frêles épaules. A la période de leur vie où ils devraient jouer librement avec leurs amis, nous les enfermons dans des salles de classe, tels des oiseaux en cage. Qui plus est, si les enfants ne décrochent pas les meilleures notes dès les plus petites classes de maternelle, les parents se laissent envahir par le stress. Ils mettent alors encore plus de pression sur leurs enfants. Les enfants vivent dans un monde de totale innocence. Ils grandissent en racontant des histoires aux fleurs et aux papillons. Contempler leur univers est un pur émerveillement ! Leur nature est d'être heureux et de répandre le bonheur autour d'eux. Mais au lieu de s'imprégner de l'innocence de leurs enfants, les parents les entraînent dans leur propre monde, le monde de la compétition et de la frustration.

Deux enfants, dont les maisons étaient voisines, jouaient ensemble. L'un des deux se blessa légèrement à la main. Voyant cela, sa mère s'en prit à la mère de l'autre enfant. La dispute s'envenimant, les deux époux et les voisins s'en mêlèrent, prenant à leur tour un parti ou l'autre. La situation dégénéra. Au beau milieu du chaos, quelqu'un se mit à chercher les enfants. On les trouva, ayant complètement oublié leur querelle et jouant joyeusement ensemble.

De nos jours, les parents ne prennent pas le temps d'expliquer à leurs enfants le sens de l'existence, ou de leur enseigner un style de vie qui leur permettra d'y accéder. Aucun parent ne semble prendre le temps de déceler les aspirations innées de ses enfants ni de les encourager à développer leurs prédispositions latentes. Une saine compétition à l'école peut sans doute aider les enfants à progresser dans leurs études et à atteindre leur plein potentiel. Mais le niveau de compétition qui prévaut aujourd'hui aboutit uniquement au stress. Si les enfants échouent à atteindre leurs objectifs aux examens, ils en sont à tel point accablés qu'ils sont confrontés leur vie entière à la désillusion. Mes enfants, nous devons penser au but réel de l'éducation.

L'éducation moderne offre, il est vrai, la possibilité d'obtenir un diplôme et de décrocher des emplois lucratifs, mais cela nous apportera-t-il une paix de l'esprit durable ? Si nous ne sommes pas disposés à enseigner à nos enfants les valeurs inhérentes à notre culture en même temps qu'une éducation moderne, nous n'élèverons pas des Ramas, mais des Ravanas. La conscience des valeurs culturelles est le fondement de la paix et du bonheur dans nos vies. C'est seulement par la spiritualité que nous trouvons la véritable culture et la sagesse suprême.

Éduquer des enfants dans le monde moderne

Mes enfants, nous vivons à une époque où la corruption politique, le déclin des valeurs et les abus commis sur les femmes sont en augmentation. Quelle en est la cause ? Le monde dans lequel nous vivons est devenu pareil à un supermarché ; tout et n'importe quoi est mis à la disposition de tout le monde et de n'importe qui.

Notre esprit est attiré par une multitude de choses, au travers d'une multitude de supports différents : Internet, téléphones portables et ainsi de suite. Pour préserver notre équilibre dans ces temps modernes, il nous faut construire de solides fondations, basées sur le *dharma* et les valeurs morales. C'est dès l'enfance qu'il faut éduquer l'esprit en ce sens. Éduquer nos enfants ne signifie pas simplement les réprimander et les punir. Il s'agit de guider leurs esprits vers le bien. Nous devons leur montrer le bon chemin et les encourager à continuer, chaque fois qu'ils font une bonne action.

Il ne faut pas les surcharger de travail à cause des études. Laissons leur suffisamment de liberté pour développer leur imagination, la capacité de penser par eux-mêmes, et pour explorer leurs émotions. En même temps montrons leur ce qui est bien et ce qui est mal, ce qu'est le *dharma* et ce qu'est l'*adharma*. Ce n'est pas au travers de la réprimande que de telles notions peuvent être enseignées. Les conseils peuvent être prodigués au travers d'encouragements et par l'exemple d'un comportement intelligent.

Un petit garçon avait tendance à gaspiller beaucoup de nourriture. Avec beaucoup d'amour, son père s'efforçait de lui faire comprendre que c'était mal. Il lui arriva même de le réprimander sévèrement. Rien n'y faisait. Finalement, le père décida de lui montrer une vidéo. Au début du film, on voit deux fillettes dans un restaurant, qui mangent du poulet tout en plaisantant et en riant. Une fois rassasiées, elles jettent dans la poubelle la moitié intouchée de leur repas. La scène suivante montre un homme pauvre qui fouille dans les poubelles. Il découvre avec bonheur les deux gros morceaux de poulet que les fillettes ont jetés et les glisse dans un petit sac en plastique. Il réussit ainsi à remplir le sac avec les déchets alimentaires de différentes personnes qui ont déjeuné dans ce restaurant.

La vidéo suit ensuite l'homme jusqu'à son village, où il partage toute la nourriture qu'il a recueillie avec des enfants. Le visage des enfants affamés rayonne de contentement. Mais le peu de nourriture apporté est vite terminé. En voyant les enfants commencer à lécher l'intérieur des sacs en plastique, le petit garçon qui regardait la vidéo éclata en sanglots et promit : « Papa, je ne gaspillerai plus jamais la nourriture ».

Il est essentiel d'inculquer à nos enfants la valeur de la discipline. Il est facile d'intégrer quelque chose à du ciment encore humide. Mais une fois le ciment sec, cela devient une tâche impossible. Les jeunes esprits sont comme du ciment humide. Les parents doivent donc tout d'abord répandre amour et affection sur leurs enfants. Ils doivent également leur enseigner un certain nombre de valeurs, et une bonne culture du cœur et de l'esprit. Ils doivent être des modèles pour leurs enfants. Si nous nous y efforçons, nos enfants prendront conscience de ce qu'est le *dharma* et développeront naturellement de bonnes habitudes. Ils seront capables de surmonter les tentations que la vie mettra sur leur chemin. Ils seront alors en mesure de survivre dans ce monde. Le but de notre existence ne doit pas se limiter à gagner de l'argent et à acquérir du confort. Nous devons éveiller chez nos enfants la conscience qu'il existe dans la vie des buts plus importants. Si nous y parvenons, la société tout entière s'élèvera graduellement et le progrès se manifestera dans tous les domaines.

Des relations harmonieuses

Mes enfants, de nos jours, nous voyons de nombreux mariages d'où tout amour véritable est absent. Un manque de compréhension entre maris et femmes en est la raison. Dans la plupart des cas, les membres du couple n'essaient même pas de se comprendre mutuellement. Pour qu'une véritable relation se développe, il faut un minimum de compréhension de la nature humaine, la nature des hommes et des femmes. Un homme doit savoir ce qu'est réellement une femme et vice-versa. Malheureusement, aujourd'hui, cette compréhension nous fait défaut. L'homme et la femme évoluent dans deux univers isolés, sans relation entre eux. Ils deviennent comme deux îles séparées que rien ne relie, pas même un service de ferry.

Les hommes fonctionnent davantage par l'intellect et les femmes par les émotions. Deux pôles différents, placés sur deux lignes parallèles. Aucune véritable rencontre n'a lieu. Comment, alors, pourrait-il y avoir le moindre amour entre eux ? Si l'un dit « oui », l'autre dira probablement « non ». Vous entendrez rarement une combinaison harmonieuse de « oui » et « oui », ou « non » et « non », énoncés à l'unisson.

Mari et femme doivent tous deux comprendre et accepter la nature différente de l'autre et faire un effort conscient pour aller à la rencontre de ses sentiments les plus profonds. Puis, tenter de régler leurs problèmes en s'appuyant sur cette compréhension. Ils ne doivent pas essayer de se contrôler mutuellement. Ni asséner à l'autre : « Je dis oui, donc tu dois toi aussi dire oui ».

Il faut renoncer à de telles attitudes, car elles ne pourront engendrer que la colère, et même la haine. L'amour, au sein d'une telle relation, sera très superficiel. Si entre ces deux pôles, celui de l'intellect et celui des émotions, un pont peut être lancé, la douce musique de l'amour jaillira en eux. Ce facteur unifiant est la spiritualité. Si vous considérez la vie de nos ancêtres, vous constaterez que, dans leurs mariages, l'amour était plus présent que dans ceux d'aujourd'hui. Il y avait beaucoup plus d'amour et d'harmonie dans leurs existences, parce qu'ils avaient une meilleure compréhension des principes spirituels et de leur implication dans la vie de tous les jours. Mes enfants, apprenez à respecter mutuellement vos sentiments. Apprenez à écouter les problèmes de l'autre avec intérêt et avec amour. Quand vous écoutez votre partenaire, il ou elle doit sentir que vous êtes sincèrement concerné par ce qu'il vous dit et que vous aimeriez l'aider tout aussi sincèrement. Votre partenaire doit sentir votre attention, votre souci de sa personne, votre respect et votre admiration. Une acceptation de l'autre, ouverte et sans réserve, est nécessaire. Malgré cela, des conflits apparaîtront forcément ; des malentendus, des désaccords, peuvent survenir.

Mais plus tard, vous devriez pouvoir dire : « Je suis désolé(e), s'il te plaît, pardonne-moi. Je n'ai pas voulu prononcer ces paroles. » Ou vous pourriez assurer : « Je t'aime. Ne pense jamais que je ne me soucie pas de toi. Je m'en soucie sincèrement. Je suis désolé(e), je n'aurais pas dû dire ce que j'ai dit. Dans ma colère, j'ai perdu mon calme et ma capacité de discernement ». De telles paroles apaisantes aideront à guérir n'importe quels sentiments blessés. Elles contribueront à faire régner un amour profond entre vous, même après une grosse querelle.

La confiance est le fondement des relations solides

Mes enfants, la confiance mutuelle doit être le fondement de nos relations. Toute relation, qu'elle soit entre époux, entre amis ou entre partenaires professionnels, sera durable à la seule condition qu'il y ait entre eux une confiance mutuelle. En réalité, c'est la conscience de nos propres faiblesses qui nous rend suspicieux à l'égard des autres, et fait que nous leur attribuons des défauts. La conséquence, c'est que nous sommes incapables d'apprécier leur amour. A la fin, le bonheur nous échappe et nous perdons la paix de l'esprit.

Quand deux personnes commencent à vivre ensemble, des conflits surviennent automatiquement. Nous le constatons dans toutes les relations. C'est la nature humaine que de reporter tous nos problèmes sur l'autre. De manière générale, nous refusons de prendre la moindre responsabilité. Cette attitude est malsaine, surtout pour un aspirant spirituel. Le seul fait de penser : « Je ne suis pas quelqu'un d'égoïste, ce n'est donc pas ma faute » est déjà en soi une manifestation de l'ego.

L'ego est hypersensible. Ce qu'il déteste le plus, c'est la critique. De surcroît, quand notre ego devient incontrôlable, il alourdit encore notre fardeau en produisant de la peur et de la paranoïa. Ce qui détruit notre paix mentale et notre capacité à penser rationnellement.

Deux enfants jouaient ensemble. Le garçon avait un peu d'argent de poche. La fille, quelques chocolats. Le garçon proposa : « Si tu me donnes des chocolats, je te donnerai de l'argent ». La fillette accepta et lui donna quelques chocolats. Tout en prenant les chocolats, le garçon mit de côté les plus grosses pièces de monnaie et donna à la petite fille celles qui avaient le moins de valeur. La fillette ne s'en rendit pas compte et la nuit suivante, elle dormit paisiblement. De son côté, le garçon poursuivait ses calculs : « Je parie qu'elle avait des chocolats de bien meilleure qualité, mais qu'elle m'a donné les moins chers à la place. De la même façon que j'ai gardé les plus grosses pièces pour moi, elle doit avoir conservé les chocolats les plus chers ». Tous ces soupçons l'empêchèrent de dormir.

Certains hommes disent à Amma : « Je pense que ma femme a une liaison ». Certaines femmes lui confient : « Je passe mon temps à surprendre mon mari en train de chuchoter d'une voix suave au téléphone. Je n'en dors plus la nuit ».

Deux personnes se marient, en aspirant toutes deux à l'amour, à la paix et au bonheur. Mais leurs natures suspicieuses transforment leurs vies en un enfer d'où toute paix est absente. Tant que le monstre appelé « suspicion » envahit notre esprit, aucun conseil, aucun avis ne nous aidera. Bon nombre de familles sont ainsi détruites.

Les gens échangent de beaux serments d'amour, mais au fond d'eux-mêmes, en fait, la plupart pensent que l'amour consiste à prendre. Alors qu'en réalité, l'amour consiste à donner. C'est seulement en donnant de l'amour que nous pouvons grandir et apprendre aux autres à grandir. Si cette attitude de don est absente, ce prétendu « amour » sera uniquement cause de souffrance, pour celui qui aime comme pour celui qui est aimé. Nous ne devrions jamais penser : « Est-il un bon ami pour moi ? ». Nous devrions plutôt penser : « Suis-je un bon ami pour les autres ? »

D'abord, nous devons être prêts à aimer et à faire confiance à la personne que nous épousons. Si nous sommes disposés à être aimants et confiants, quatre-vingt-quinze pour cent de ce que nous donnons nous sera rendu. La suspicion engendre la suspicion et la confiance engendre la confiance. Avant d'attribuer des défauts à nos partenaires, nous devons procéder à une introspection. Si nous avons nous-mêmes des défauts, corrigeons-les et réparons nos torts.

Ce qui aide souvent les gens, au sein d'une relation, c'est de parler ensemble ouvertement au lieu de s'accrocher à ses suspicions. N'hésitez pas à rechercher l'aide d'amis ou même de professionnels lorsque c'est nécessaire. Etre patient l'un avec l'autre, être proche, et présent l'un pour l'autre, renforce les relations. Plus que tout, comprenez les vérités spirituelles et apprenez à trouver le bonheur à l'intérieur de vous. Si nous sommes capables de cela, alors nous connaîtrons également le bonheur dans nos relations.

Les fêtes religieuses et les textes

La dévotion dans le Ramayana

Mes enfants, après des milliers d'années, le Ramayana occupe encore une place très particulière dans le cœur des gens. Pour quelle raison ? Parce que dans ses pages se trouve l'essence de la dévotion. La dévotion décrite dans le Ramayana adoucit et purifie notre cœur. La calebasse est amère par nature, mais elle devient douce si nous la laissons tremper un certain temps dans de l'eau sucrée. De même, lorsque nous attachons et abandonnons notre esprit à Dieu, toutes nos impuretés mentales sont éliminées et notre esprit devient pur.

Dans le Ramayana sont dépeintes différentes formes et expressions de la dévotion. La dévotion de Bharata diffère de celle de Lakshmana. La dévotion de Sita de celle de Sabari. Un aspect de la dévotion consiste à toujours désirer la proximité et la compagnie de l'être aimé. Nous voyons cet aspect chez Lakshmana qui est à jamais occupé à servir le Seigneur Rama. On se souvient encore de lui comme de quelqu'un qui renonçait à manger et à dormir pour servir son Seigneur. La dévotion de Bharata ne prenait pas cette forme. Elle était empreinte de calme et de délicatesse. Se voyant comme le serviteur de Rama, Bharata dirigea le pays en l'absence de Rama ; c'était une manière de Le vénérer.

Si quelqu'un se souvient de Dieu en permanence, et s'abandonne complètement à Lui, chacune de ses actions sera de la dévotion. Sans cette attitude, en revanche, même les *pujas* et les *homas* pratiquées dans les plus grands temples sont de simples rituels accomplis par des professionnels, non de la dévotion.

L'intensité de la dévotion augmente en l'absence de notre Bien-aimé. C'est ce dont nous sommes témoins chez Sita et chez les *gopis* de Vrindavan. Quand le Seigneur Rama était auprès d'elle, Sita désira le cerf en or, jusqu'à devenir esclave de son désir. Mais après que Ravana l'eût capturée, le cœur de Sita se languissait constamment de Rama. Tous ses désirs terrestres furent brûlés dans l'intense chagrin que lui causa l'absence de Rama. Son cœur fut purifié une fois de plus et elle fut capable de se fondre en Dieu. La dévotion de Hanuman est faite d'un mélange de qualités telles que le discernement, l'enthousiasme, la concentration et une foi intense. Autrefois le serviteur de Sugriva, Hanuman, après avoir posé les yeux sur le Seigneur Rama, se dédia totalement à Rama. Si le lien qui associait Hanuman à Sugriva était de nature terrestre, celui qui l'unissait à Rama était le lien qui unit le *paramatma* et le *jivatma*, le lien entre l'Âme suprême et l'âme individuelle. Hanuman démontre également comment, en récitant constamment le nom du Seigneur, on peut accéder au souvenir constant de Dieu.

Pour acquérir la dévotion, point n'est besoin d'être né dans une classe supérieure de la société, ou d'être particulièrement instruit. Un cœur pur est tout ce qui est nécessaire. C'est ce que nous voyons chez Sabari. Elle crut totalement son guru, qui lui assurait que Rama lui rendrait un jour visite. Avec l'espoir que Rama viendrait, elle nettoya l'ashram tous les jours et rassembla tous les objets nécessaires à son adoration.

Elle prépara un endroit spécial pour que Rama s'y assoie. Ainsi passèrent les jours, les mois et les années. La longue attente de Sabari ne fut pas vaine. Un jour, le Seigneur Rama vint jusqu'à sa hutte et y reçut son accueil aimant. L'histoire de Sabari prouve que Dieu viendra résider dans les cœurs de ceux qui L'attendent.

La dévotion ne doit pas être purement émotionnelle. La dévotion uniquement basée sur les émotions a une certaine intensité, mais elle est passagère. D'où la nécessité d'une dévotion fondée sur la connaissance. La dévotion ne doit pas avoir pour but la réalisation de nos désirs terrestres. Une fois que les graines de la dévotion ont germé, il faut les déterrer et les replanter dans les champs de la connaissance. Lorsqu'elles produisent de bons fruits, alors, le but est atteint.

Rama était capable d'éveiller la dévotion chez ses frères, ses amis, ses sujets, et même chez les oiseaux et autres animaux. Quand la grandeur est présente, nous la vénérons spontanément parce que la graine de la dévotion est dissimulée dans le cœur de chacun d'entre nous. Nous devons la cultiver à l'aide de nos pensées, de nos paroles et de nos actions. Il nous faut élever notre degré de dévotion jusqu'à voir Dieu imprégner l'univers tout entier. Le Ramayana est un chemin qui nous mène jusqu'à cet état suprême.

Assimiler l'essence des fêtes religieuses

Mes enfants, les fêtes religieuses ne sont pas de simples traditions qu'il convient de célébrer une fois par an. Assimilons le message qui est au cœur de ces fêtes et intégrons le dans notre vie. Cultiver la dévotion et la conscience spirituelle, tout en continuant à évoluer dans ce monde matériel, tel est l'un des principes essentiels que la plupart de ces fêtes ont pour vocation de nous rappeler.

Elles nous rappellent également la nécessité d'oublier et de pardonner le tort que les autres nous ont fait. Cette attitude contribuera à créer en tout lieu une atmosphère de liberté, d'amitié et d'unité, et nous permettra d'ouvrir nos cœurs et d'aider notre prochain. Des différences telles que supérieur et inférieur, employeur et employé, maître et serviteur, passent alors à l'arrière-plan.

La tradition de l'Inde a toujours relié l'adoration de Dieu à la vie quotidienne, aux coutumes, à l'art et à la connaissance. De même que toutes les abeilles suivent la reine quand elle est capturée, si nous cherchons refuge en Dieu, toutes choses favorables viendront à nous. D'ordinaire, nous nous en remettons à Dieu dans notre quête d'avantages matériels, mais si nous pouvons vivre en voyant Dieu en tout et en voyant tout comme Sa volonté, nous prospérerons non seulement matériellement, mais aussi spirituellement. La paix et la satisfaction empliront nos vies. Plusieurs zéros alignés n'ont aucune valeur, mais si l'on inscrit devant eux le chiffre « 1 », leur valeur devient soudain immense. De même, la vérité unique qui confère de la valeur à tout est Dieu : voir ainsi le monde comme la manifestation de Dieu.

De nombreuses fêtes sont une expression de l'aspiration des hommes à un avenir meilleur. Aujourd'hui, l'espèce humaine n'aspire qu'au changement extérieur. Mais aucun changement accompli dans le monde extérieur ne sera jamais permanent. Qui plus est, de tels changements entraînent souvent davantage de souffrance que de bonheur.

Donc, tandis que nous tentons de transformer la situation extérieure, nous devons également essayer de transformer notre état intérieur. Ce n'est pas si difficile, puisque ce sont en réalité nos actions et notre attitude qui rendent ce monde beau ou laid.

Un jour, Dieu visita l'enfer. Tous ceux qui y résidaient commencèrent à se plaindre à Lui. « Dieu, vous êtes partial. Cela fait une éternité que nous vivons dans cet enfer sale et malodorant. Et pendant tout ce temps, les résidents de l'Eden ont vécu au paradis. N'est-ce pas injuste ? Du moins pour quelques temps, ne devrions-nous pas échanger nos lieux de résidence ? » Dieu accéda à leur prière. Les résidents du paradis commencèrent à vivre en enfer et les résidents de l'enfer, à vivre au paradis. Cinq ou six mois plus tard, Dieu visita de nouveau l'enfer. Ce qu'il vit était incroyable. Il y avait partout des arbres et des fleurs. Les rues et les trottoirs étaient propres. Les gens chantaient les louanges de Dieu. Ils dansaient. Partout, la joie était visible. Plus tard, Dieu visita l'ancien paradis. Ce fut un spectacle pénible.

Les champs étaient à présent stériles, les plantes, fanées. Il n'y avait plus une seule fleur nulle part. Les rues étaient jonchées de détritus, de flaques d'urine et de tas d'excréments humains. Les gens s'invectivaient dans un langage ordurier, des bagarres éclataient constamment. L'ancien paradis était devenu un enfer.

Mes enfants, c'est la réalité de la vie. Nous créons nous-mêmes le paradis ou l'enfer.

Apprenons à accepter la joie et la peine avec équanimité.

Essayons de cultiver un certain degré de détachement.

Ne nous effondrons pas face aux difficultés et ne dansons pas égoïstement de joie lorsque nous rencontrons le succès.

Sans une attitude de détachement, nous nous épuiserons rapidement. Certaines personnes sombrent si profondément dans la dépression qu'elles en viennent au suicide. Lorsque nous accordons une trop grande importance à la réussite matérielle, la vie perd son éclat. Si nous nous concentrons davantage sur la souvenance de Dieu et sur le progrès spirituel, alors, les hauts et les bas de l'existence nous importeront moins. Et une véritable béatitude éternelle grandira progressivement dans nos cœurs.

Lorsque nous célébrons une fête religieuse, concentrons-nous davantage sur les principes qu'elle nous enseigne que sur les manifestations extérieures. Assimilons ces principes et intégrons les dans nos vies.

Puisse la grâce aider mes enfants à accomplir cela.

Navaratri devrait nous enseigner l'humilité

Mes enfants, Vijayadasami est un jour sacré où les plus jeunes enfants de notre pays sont amenés à écrire les premières lettres de la connaissance, leur main guidée par celle du guru. Vijayadasami représente également la perfection et la complétude de l'adoration de Sakti, l'énergie divine féminine, pratiquée tout au long des neuf jours que dure Navaratri. Ce jour-là, les enfants entrent dans le monde de la connaissance en écrivant « *hari-sri* » avec la bénédiction de Sarasvati, la déesse de la connaissance.

L'enfant est en mesure de recevoir la connaissance parce qu'il remet son index entre les mains du guru. L'index, qui pointe les fautes et les erreurs des autres, est un symbole de l'ego. En confiant son index au guru, l'enfant lui abandonne symboliquement son ego.

Quand on a acquis la véritable connaissance, on est naturellement humble. On voit en chacun ce qui est bon. On accepte tout le monde avec respect et révérence. Seul l'ego est notre création ;

tout le reste est la création de Dieu. C'est cet ego que nous devons abandonner à Dieu.

Le jour de Vijayadasami, ceux qui sont instruits et ceux qui ne le sont pas marquent un nouveau départ dans la connaissance en écrivant « *hari-sri* » de la même façon. La connaissance atteint la perfection quand une personne, reconnaissant les limites du savoir qu'elle a acquis jusque-là, a l'humilité de dire : « J'ai encore beaucoup à apprendre ». Elle ressent alors de l'enthousiasme à la pensée d'acquérir cette nouvelle connaissance. Vijayadasami nous rappelle qu'il s'agit de conserver humilité, enthousiasme et une attitude d'abandon de soi tout au long de notre vie.

Le jour de Durgashtami, les livres, les instruments de musique et le matériel professionnel sont tous mis sur l'autel pour l'adoration. Ils sont ensuite rendus le jour de Vijayadasami. Ce rite symbolise l'offrande de notre vie-même à Dieu, et le fait de la recevoir de nouveau comme une bénédiction de Dieu. Vijayadasami est le symbole d'un nouveau départ dans l'existence, et d'une nouvelle résolution de se souvenir de Dieu.

Chaque fois que nous rencontrons une victoire, nous proclamons : « C'est grâce à moi ! » Mais face à un échec, nous disons que Dieu nous punit. Il ne devrait pas en être ainsi. Gardons à l'esprit la pensée que Dieu accomplit tout, et reconnaissons : « Je suis seulement un instrument entre Tes mains ». C'est cette conscience qui devrait s'éveiller en nous, nous enseigne Navaratri. La conscience que toutes les victoires, dans l'existence, résultent de la bénédiction et du pouvoir de Dieu. Ne faisons jamais d'une victoire un sujet de fierté personnelle.

Se souvenir de Dieu et s'abandonner à Lui font de nos vies des vies bénies. Navaratri nous enseigne l'importance, bien plus grande que celle de tous les accomplissements matériels, de progresser pas à pas sur le chemin de la dévotion, vers la libération ultime. La Mère divine, en éliminant les impuretés mentales de ceux qui font de la réalisation de Dieu le but de leur existence, et en détruisant leur ego, éveille notre connaissance spirituelle intérieure.

A Noël, offrez l'amour en cadeau

Mes enfants, la période de Noël éveille les vibrations de bonté, de compassion et d'espérance dans le cœur des gens. Noël nous rappelle que notre cœur doit être empli de l'amour de Dieu et de notre prochain. Renonçons à tout sentiment de haine ou d'égoïsme, à l'instar de *mahatmas* tels que le Christ, qui ont manifesté une si grande bonté tout au long de leur vie.

Noël est également le moment idéal pour assainir nos relations avec les autres. Malheureusement, les gens nourrissent fréquemment des sentiments négatifs à l'encontre de leur famille, de leurs amis ou de leurs collègues. Le plus souvent, ces sentiments négatifs surgissent lorsque ces personnes n'ont pas répondu à nos attentes. Et aussi à cause de notre mauvaise compréhension des autres. En fait, notre compréhension des autres, qu'elle soit juste ou non, se fonde sur notre propre culture et nos propres expériences.

En rentrant chez elle après son travail, une femme trouva sa fille avec une pomme dans chaque main. « Ma fille chérie, puis-je avoir une de ces pommes ? » demanda-t-elle avec douceur. La fille regarda sa mère, puis mordit dans la pomme qui se trouvait dans sa main droite. Presque aussitôt, elle mordit également dans l'autre pomme ! Le visage de la mère s'assombrit, et elle eut du mal à dissimuler sa déception. Mais au même instant, sa fille lui offrit la première pomme : « Maman, prends celle-ci. C'est la plus sucrée ! »

La mère n'avait pas su reconnaître l'amour innocent de son propre enfant. Cette histoire nous rappelle à quel point nous pouvons nous tromper quand nous jugeons les autres d'après notre propre compréhension limitée.

Quel que soit notre degré d'expérience ou de connaissance, nous ne devons jamais blâmer ou insulter les autres sur des conclusions hâtives. Ayons la bonté de les écouter et de comprendre leur version de l'histoire. Même si nous pensons que quelqu'un a commis le crime le plus odieux qui soit, donnons à cette personne l'opportunité de s'expliquer. Car ce que nous comprenons de la situation peut s'avérer erroné.

Tout le monde est très heureux d'offrir et de recevoir des cadeaux à Noël. Cependant, les plus beaux présents ne sont pas ceux qui s'achètent dans un magasin. Ce sont ceux qui consistent à renoncer à nos mauvaises habitudes et à traiter notre famille, nos amis et nos collègues avec amour et respect. C'est par de tels changements positifs que le véritable esprit de Noël devrait rayonner dans nos vies.

Le but de Sivaratri est de nous immerger en Dieu

Mes enfants, les festivals dans les temples, les célébrations et les groupes de prière, jouent un rôle important : ils nous incitent à nous tourner vers Dieu. Plusieurs personnes qui prient et se souviennent ensemble de Dieu créent de bonnes vibrations dans l'atmosphère. Lorsqu'une personne prie seule, chasser les mauvaises vibrations dont l'atmosphère est chargée peut lui être difficile. Grâce aux prières de groupe, l'atmosphère elle-même devient favorable à l'action de se concentrer sur Dieu. La culture de la spiritualité est ainsi fortifiée en chacun.

Le véritable but des festivals dans les temples est de créer des fondations solides pour penser à Dieu et L'adorer au-delà de ces quelques jours de célébrations. Sivaratri est ainsi une célébration importante. Sivaratri nous rappelle la nécessité de nous défaire des pensées négatives et d'absorber toutes nos pensées en Dieu. Cette fête nous rappelle que nous devons lutter pour atteindre le but primordial de la vie humaine.

Sivaratri est une fête de renoncement et d'austérité. Le jeûne est habituellement observé durant la journée et la nuit, les gens renoncent à dormir pour chanter des *bhajans*. D'ordinaire, la plupart des gens ne sont pas prêts à se priver de sommeil et de nourriture. Mais Sivaratri encourage même les moins pratiquants à éveiller en eux leur amour pour Dieu. Il leur inspire le désir de renoncer à manger et à dormir et de passer ce temps à méditer et chanter des *bhajans.*

Un soir, une *gopika* se rendit dans la maison de Nandagopa en quête de feu pour allumer sa lampe à huile. Elle espérait également y voir l'enfant Krishna. Elle entra, lissa la mèche de sa lampe et l'approchait de celle qui brûlait dans la maison, quand ses yeux se posèrent sur l'enfant Krishna couché dans son berceau. Son entière attention à présent tournée vers Krishna, elle ne se rendit pas du tout compte que la flamme commençait à lui brûler les doigts.

Au bout d'un moment, ne voyant pas sa fille revenir, la mère de la *gopika* se rendit chez Nandagopa. Ce qu'elle vit était incroyable : elle y découvrit la jeune fille à tel point absorbée dans la vision de l'enfant Krishna qu'au lieu d'avoir déposé la mèche à présent enflammée dans sa lampe, elle la tenait encore entre ses doigts. Elle s'élança vers sa fille et s'écria, tout en lui arrachant la mèche des mains : « Que fais-tu, ma fille ? » C'est seulement alors que la *gopika* reprit conscience du monde extérieur. En voyant Krishna, elle avait oublié tout le reste. Dans cet état d'extase dévotionnelle, elle n'avait pas ressenti la douleur. Cette histoire nous enseigne que si nous cultivons l'amour envers des buts supérieurs, nous acquérons la force de surmonter toute faiblesse physique et morale.

Puissions-nous, en observant les rituels de Sivaratri, développer l'amour de Dieu et devenir de parfaits réceptacles de la grâce et des bénédictions du Seigneur Shiva, qui est l'incarnation du renoncement, de l'austérité et de la connaissance.

Adorer Krishna, c'est devenir Krishna

Le Seigneur Krishna a vécu il y a quelque cinq mille ans. Le fait que les gens se souviennent de Lui et Le vénèrent aujourd'hui encore témoigne de Sa grandeur. Adorer le Seigneur Krishna, c'est devenir le Seigneur Krishna. Sa vie devrait servir de modèle aux nôtres. La forme du Seigneur Krishna est d'une extrême beauté, mais cette beauté n'est pas limitée à la forme extérieure. C'est la beauté immortelle du cœur.

Moksha, la libération de toute souffrance, n'est pas un état que l'on atteint après la mort, dans quelque autre monde. C'est quelque chose que nous devons comprendre et connaître dans notre vie ici, dans ce monde. Le Seigneur Krishna a enseigné ce principe par l'exemple de sa vie. La vie de Sri Krishna nous enseigne le sens de la vie dans ce monde, et comment elle devrait être vécue. C'était un *mahaguru* qui sut célébrer même les échecs avec enthousiasme. Vivez de façon à faire sourire les autres et non à les faire pleurer, c'est la leçon que le Seigneur Krishna nous a transmise au travers de sa propre existence. Il est l'aurige qui mène notre char vers la béatitude.

D'ordinaire, les gens aiment tirer un certain plaisir de la souffrance des autres. Mais la béatitude intérieure du Seigneur Krishna s'exprimait dans son rire qui, depuis la plénitude de son cœur, inondait le monde. C'est pourquoi, même en pleine défaite sur le champ de bataille, le sourire ne quitta jamais son visage. Il nous rappelle de rire de notre propre bêtise et de nos propres défauts.

Sri Krishna est un modèle pour nous tous, quel que soit notre champ d'activité. Il vivait en égal avec les rois comme avec les roturiers. Bien que né prince, il garda des troupeaux de vaches, conduisit un char, lava les pieds des gens, et accomplit même des tâches domestiques comme débarrasser les assiettes en feuilles de palmier après le festin. Il était même prêt à aller se présenter devant les partisans de *l'adharma* (injustice) en messager de la paix.

C'était un révolutionnaire dont la voix s'éleva contre maintes pratiques primitives. Il dissuada ses contemporains d'offrir des prières à Indra pour obtenir la pluie. Il leur suggéra à la place d'adorer la Montagne Govardhana, en leur expliquant qu'en fait, c'étaient ces montagnes qui bloquaient les nuages de pluie. Les premières leçons en matière de protection de l'environnement nous furent dispensées par le Seigneur Krishna. Aujourd'hui encore, nous devons lutter pour protéger la Nature et contribuer à maintenir l'harmonie dans le monde qui nous entoure. Lorsque l'harmonie de la nature est perturbée, les relations entre les êtres humains sombrent à leur tour dans la disharmonie.

La plupart d'entre nous, s'ils ne sont pas assignés au genre de travail qu'ils aiment, perdent courage et se laissent aller à la paresse. Sachons accomplir n'importe quelle tâche avec joie et contentement. Efforçons-nous d'imiter l'enthousiasme et la patience manifestées par le Seigneur Krishna. Les circonstances, dans l'existence, ne sont pas toujours favorables. Quoi qu'il en soit, acquittez-vous de vos obligations avec enthousiasme.

Peu importe les tâches que vous assumez et les responsabilités que vous endossez. Quelles qu'elles soient, conservez l'attitude intérieure d'un témoin. Tel est le sens du sourire du Seigneur Krishna. C'est le principe placé au cœur du message du Seigneur Krishna pour le monde.

L'amour

Gravissez l'échelle de l'amour jusqu'à son sommet

Mes enfants, sur cette terre, la plupart des gens n'ont soif que d'une chose : l'amour. On cherche à se faire des amis, on se marie, on a une vie de famille ; tout cela, en quête d'amour. Mais malheureusement, l'amour est précisément ce qui manque le plus dans le monde actuel. Parce que chacun désire recevoir de l'amour mais personne ne veut en donner. Et même lorsque nous donnons de l'amour, c'est avec un certain nombre d'attentes et de conditions. De telles relations soi-disant « aimantes » peuvent voler en éclats à tout moment. L'amour peut se muer en hostilité, voire en haine. Telle est la nature du monde. Une fois que nous aurons compris cette vérité, nous cesserons de souffrir. La chaleur et la lumière sont la nature du feu. Nous ne pouvons pas concevoir le feu privé d'un de ces deux attributs. De même, une fois acquise l'idée qu'il y a toujours une part de souffrance dans l'amour de ce monde, nous sommes capables de tout accepter avec équanimité.

L'amour pur est présent en chacun de nous, ainsi que la capacité d'aimer tous les êtres sans aucune attente. L'amour étant notre véritable nature, il n'est jamais perdu. Une pierre précieuse immergée dans de l'huile semble avoir perdu sa brillance mais cet éclat peut être restauré. Il suffit de la nettoyer. Ainsi, en éliminant les impuretés de notre mental, nous pouvons retrouver notre nature primordiale : l'amour le plus pur.

L'amour est une échelle composée de nombreux degrés. Aujourd'hui, la plupart d'entre nous se tiennent sur l'échelon le plus bas. Il s'agit de ne pas y rester toute notre vie, mais d'utiliser chaque échelon comme un point d'appui vers le prochain sans jamais nous arrêter avant d'avoir atteint le plus haut degré de l'amour. Cet amour est le but ultime de la vie. Tout le monde dit « Je t'aime, » mais c'est une expression fausse. La vérité consiste à dire : « Je suis amour. Je suis l'incarnation de l'amour ». Lorsque nous disons, « Je t'aime », il y a un « je » et un « tu ». Il y a une séparation. L'amour se tient là, piégé entre ce « je » et ce « tu ». Il y suffoque, et finit par mourir.

Tenter d'aimer avec la notion de « je » et de « tu », conduit au même résultat que lorsqu'un petit serpent tente d'avaler un crapaud trop gros pour lui. Le serpent et le crapaud souffrent tous les deux. Mais quand l'amour est exprimé sans aucune attente, il n'y a pas de souffrance. Notre amour désintéressé aide à éveiller l'amour désintéressé en l'autre. L'amour et le bonheur emplissent alors nos vies. Une fois que cette conscience « Je suis l'incarnation de l'amour » nous habite, nous ne pouvons plus jamais nourrir aucun désir ni aucune attente égoïste. Notre vie, pareille à une rivière qui coule sans interruption, se transforme en pur amour qui se répand sur tous. Nous ne donnons alors au monde que de bons fruits. Puissions-nous tous gravir les échelons jusqu'au plus haut degré de l'amour pur.

L'amour fait de notre vie une vie divine

Mes enfants, bon nombre d'entre nous établissent leurs relations avec les autres sur la base des pertes et profits. Occupés à acquérir des richesses matérielles, nous oublions souvent la richesse de l'amour. L'amour est la richesse qui rend notre vie divine. L'amour est le véritable trésor de l'existence.

Dans la création divine, de nombreuses créatures ont la grâce d'être attrayantes pour les autres et de leur apporter du bonheur. La beauté des papillons, par exemple, le parfum des fleurs et la douceur du miel attirent tout le monde et répandent le bonheur. Cette beauté, ce parfum et cette douceur ne viennent pas de l'extérieur, mais de l'intérieur. Mais qu'en est-il de la créature la plus divine que l'on appelle un être humain ? Pour sentir bon, il doit se mettre du parfum et, s'il veut être beau, revêtir de jolis habits et se maquiller. En dépit de tous ces artifices, ce qui émane de l'intérieur des êtres humains n'est qu'impuretés nauséabondes. Mais si nous nous y efforçons, nous pouvons répandre le bonheur et le réconfort autour de nous et transmettre une énergie bénéfique aux autres. Le moyen d'y parvenir ? De bonnes pensées, des paroles aimantes, une nature souriante et des actions désintéressées.

Notre vie peut s'interrompre à tout moment. Si nous en avons conscience, notre vision de la vie sera plus juste. Alors, même lorsque la mort se tiendra devant nous, nous y ferons face avec bonheur.

Il arrive que les médecins annoncent à des patients, atteints de graves maladies comme le cancer, qu'ils n'ont plus que trois ou six mois à vivre. A l'instant où ces personnes voient ainsi la mort se profiler, elles comprennent qu'aucun gain matériel ni aucune célébrité ne les accompagnera dans l'au-delà, que leur seul salut réside en Dieu. Grâce à cette prise de conscience, un grand changement s'opère en elles. Leur cœur s'ouvre et leur amour inclut tous les êtres. Elles veulent pardonner à ceux qui les ont blessées. Elles recherchent le pardon de ceux à qui elles ont fait du mal.

Certaines personnes, confrontées à cette situation, ont dit à Amma : « Amma, pour le peu de temps qu'il me reste à vivre, je veux vivre en répandant l'amour autour de moi. Je n'ai pas été capable d'aimer véritablement mon épouse et mes enfants. A présent, je veux leur donner beaucoup d'amour. Je veux aimer ceux qui me haïssent et ceux que j'ai haïs. Et puis j'ai fait du mal à beaucoup de gens. Je veux aussi leur demander pardon ». Nous avons tous la capacité d'aimer et de pardonner de cette façon. Nous n'avons pas à attendre que la mort frappe à notre porte. Si nous commençons dès aujourd'hui, nous éveillerons en nous cette attitude. Ce qui rend notre vie divine, ce n'est ni la richesse ni la célébrité ; c'est l'amour. Aujourd'hui, cette prise de conscience doit à tout prix s'opérer chez les humains.

La nature du guru

Pour accéder à la science la plus subtile, il faut un enseignant

Qu'il s'agisse d'art, de science, d'histoire, de cuisine ou même de lacer ses chaussures, personne ne peut rien apprendre sans un enseignant. La spiritualité est une science, la science qui traite du Soi intérieur. En tant que telle, elle est la plus subtile de toutes. S'il faut un professeur pour étudier toutes les sciences relatives à la matière, lesquelles sont plus grossières, que dire alors de la spiritualité, qui est la plus subtile ?

En fait, on ne choisit pas réellement le guru. La relation naît spontanément, plus spontanément même que l'état amoureux. Cependant, pour qu'il y ait un guru, il faut d'abord qu'il y ait un disciple. Quand le disciple est prêt, le guru apparaît.

Un *sadguru*, un maître véritable, est dénué de tout ego. De ce fait, il ne peut rien revendiquer. Le sadguru est l'incarnation de l'amour pur, de la compassion et du sacrifice de soi. Il est plus humble que le plus humble et plus simple que le plus simple. En fait, dans une vraie relation guru-disciple, du fait de l'incroyable humilité du guru, il est difficile de faire la différence entre le guru et le disciple. Le *sadguru*, ayant transcendé tout sens d'une individualité séparée, ainsi que toutes les attirances et toutes les aversions, ne peut rien revendiquer. Un tel guru ne voit en tout que l'essence divine, le Soi lumineux, la pure conscience.

Un jour, l'Obscurité s'adressa ainsi à Dieu : « Je n'ai jamais rien fait pour blesser le Soleil, mais il ne cesse de me harceler. Où que j'aille, il me poursuit aussitôt et je dois m'enfuir. Je ne connais aucun repos. Je ne veux pas me plaindre, mais j'en ai assez ! Combien de temps cela va-t-il durer ? »

Dieu convoqua immédiatement le Soleil et demanda : « Pourquoi persécutes-tu cette pauvre Obscurité ? «

« De quoi veux-tu parler ? » répliqua le Soleil. « Je n'ai jamais rencontré quoi que ce soit appelé Obscurité. » En effet, Dieu regarda autour de lui et l'Obscurité n'était plus là. Elle avait disparu. Le Soleil ajouta : « Dès que tu pourras amener l'Obscurité devant moi, je suis prêt à lui faire des excuses ou tout ce que tu m'ordonneras. Peut-être l'ai-je blessée à mon insu. Mais laisse-moi au moins rencontrer cette personne qui se plaint de moi. »

L'affaire qui oppose l'Obscurité au Soleil n'est, dit-on, toujours pas résolue. A ce jour, Dieu n'a encore jamais réussi à amener les deux parties en présence devant lui. Quelquefois, l'Obscurité vient ; d'autres fois, c'est le Soleil ; mais ils ne sont jamais là au même moment. Jusqu'à ce qu'ils soient tous deux présents, l'affaire ne peut pas être jugée.

Mais comment l'Obscurité pourrait-elle se tenir face au Soleil ? L'Obscurité n'a pas d'existence ; c'est juste l'absence de lumière. Donc, là où la lumière est présente, son absence ne peut exister.

Pour nous, qui ne disposons d'aucun cadre de référence relatif à la spiritualité, le guru fournit les instructions, les indications et les éclaircissements nécessaires pour nous permettre de comprendre et d'assimiler les principes spirituels sous leur forme la plus simple et la plus pure.

La spiritualité et son mode de pensée sont l'exact opposé de la vie dans le monde et de la pensée matérialiste. Donc, lorsque nous venons à la vie spirituelle avec nos vieilles manières de penser, que se passe-t-il ?

Nous n'y arrivons pas ! Il nous faut un certain temps pour comprendre. Mais le guru est patient. Il explique et démontre, explique et démontre, explique et démontre, encore et encore, jusqu'à ce que nous ayons réellement compris. Le meilleur moyen d'apprendre une langue étrangère est de vivre avec un natif du pays où cette langue est parlée. Le guru est le natif qui maîtrise la langue de la spiritualité, de la réalisation du Soi.

Le guru nous mène du monde connu des différences au monde inconnu de l'unité. Un *sadguru* est établi dans l'unité totale avec le Suprême. Il voit donc l'essence divine partout. Lorsqu'il regarde le disciple, il voit la beauté divine qui repose, dormante, en lui. Comme un sculpteur qui voit la magnifique statue emprisonnée dans la pierre et qui en cisèle les angles durs pour en libérer l'œuvre d'art, le guru travaille sur les faiblesses et les limitations du disciple afin de l'aider à réaliser son Soi véritable.

Dans le véritable abandon de soi, il n'y a pas de pensée car l'esprit est transcendé. Ce que nous appelons présentement « l'abandon de soi » se limite à s'interroger sur le fait de s'abandonner ou pas. Autrement dit, aussi longtemps qu'un disciple suit l'entraînement dispensé par un *sadguru*, le conflit mental et la lutte intérieure sont constamment présents. C'est seulement quand advient l'état final d'abandon de soi que le conflit cesse et que la réalisation prend place. L'abandon de soi n'est pas une « action » ; c'est un « évènement ». C'est une attitude qui façonne et imprègne chacun des aspects de la vie du disciple.

De nombreuses peurs sont généralement associées à la notion d' « abandon de soi ». Nous craignons, en nous abandonnant, de tout perdre. En réalité, tout ce que nous apporte le véritable abandon de soi, c'est davantage de clarté, d'amour, de compassion, de réussite, davantage de tout ce qui est bon, beau et sage.

L'abandon de soi, c'est ce qui arrive à la graine qui perd son enveloppe pour devenir un arbre.

Les mahatmas s'abaissent jusqu'à nous pour nous aider à nous élever

Mes enfants, la spiritualité est la connaissance de soi, la reconnaissance de notre véritable nature. Si un roi est incapable de reconnaître qu'il est un roi, sa royauté est inutile. Si un mendiant n'a pas conscience que sous sa hutte repose un trésor de grande valeur, il continue à vivre comme un mendiant. La plupart des gens sont dans le même état. Et dans leur désir de richesses et de plaisirs, ils se nuisent mutuellement et se nuisent à eux-mêmes. Ils vont même jusqu'à détruire la nature. Pour les aider à s'élever, il faut s'abaisser à leur niveau.

Un magicien étrangement accoutré arriva un jour dans un village. Les villageois commencèrent à se moquer de lui. Au bout d'un moment le magicien, jugeant qu'ils avaient dépassé les bornes, se mit en colère. Il ramassa un peu de cendre, récita un mantra et, jetant la cendre dans le puits du village, lança sur ses habitants cette malédiction : quiconque boira l'eau de ce puits deviendra fou. Et en effet, tout le monde dans le village fut bientôt frappé de démence.

Le chef du village, cependant, possédait son propre puits. Il fut le seul à demeurer sain d'esprit, tandis que tous les autres villageois étaient devenus complètement fous. Ils proféraient n'importe quelles inepties, dansaient en tous sens et se comportaient de façon incohérente. Mais peu à peu, ils se rendirent compte que leur chef n'avait pas le même comportement qu'eux. Surpris par ce constat, ils en conclurent que c'était lui qui était fou et voulurent le capturer et l'enfermer. Le chaos était total. Mais par chance, le chef réussit à s'échapper.

Il se dit : « Ils ont tous perdu la raison. Si je me comporte différemment, ils ne me laisseront pas en paix. Si je dois continuer à vivre ici et les aider à élever leur niveau de conscience, la seule solution est d'agir exactement comme eux. Pour attraper un voleur, on peut être amené à agir comme un voleur ». Armé de cette résolution, le chef du village se mit à danser et à se comporter de façon aussi irrationnelle que les villageois, qui se réjouirent de voir leur chef guéri de sa folie.

117

Puis, peu à peu, il les encouragea à creuser un autre puits et à boire son eau. Et finalement, tout le monde redevint normal.

Les *mahatmas* sont pareils à ce chef de village. Les gens peuvent se moquer d'eux ou même les traiter de fous mais eux, qui voient d'un œil égal les insultes et les louanges, ne s'en soucient pas. Ils s'abaissent au niveau des gens et les aident à s'élever en leur offrant l'exemple du service et de l'amour dénué de toute attente.

La spiritualité n'est pas la croyance aveugle en Dieu ni la simple observation de rituels et de coutumes religieuses. Elle consiste à unir les cœurs. C'est seulement quand notre religion deviendra spiritualité que la société s'établira sur les fondations solides du *dharma,* des valeurs universelles et de l'esprit de service.

Le guru est la vérité ultime incarnée

Mes enfants, certaines personnes croient que s'abandonner aux pieds d'un guru équivaut à une forme de servitude, à devenir un esclave. Présentement, nous ressemblons à un roi qui aurait rêvé une nuit qu'il était un mendiant et sombré depuis lors dans la dépression. Le guru nous réveille du sommeil de l'ignorance, qui est la cause même de toutes nos souffrances.

Même si nous avons oublié un poème appris dans notre jeunesse, il nous revient en mémoire dès que quelqu'un en récite les premiers vers. Ainsi, notre état actuel est un état d'oubli, d'oubli spirituel, et les enseignements du guru ont le pouvoir de nous éveiller.

Chaque graine contient un arbre. Mais pour que cet arbre sorte de terre, la graine doit d'abord s'y enfoncer, puis son enveloppe se déchirer et s'ouvrir. De même, nous sommes la Vérité infinie, mais si l'enveloppe de l'ego ne s'ouvre pas, nous ne ferons jamais l'expérience de cette réalité. Le guru est celui qui crée les conditions favorables à ce processus.

Pour devenir un arbre, une jeune pousse a besoin d'un environnement propice. Elle a besoin d'être arrosée au bon moment, fertilisée au bon moment. Besoin d'être protégée de diverses créatures nuisibles. Le guru accomplit ces tâches pour ses disciples à un niveau spirituel, prenant soin d'eux et les protégeant des embûches et obstacles divers.

Comme un filtre purifie l'eau, le guru purifie l'esprit du disciple, en éliminant son ego. Nous sommes aujourd'hui continuellement esclaves de notre ego. Nous ne parvenons pas à faire usage de discernement et sommes, par conséquent, incapables de progresser dans la vie.

Un cambrioleur s'introduisait dans une maison quand ses occupants se réveillèrent, et le forcèrent à s'enfuir. « Au voleur ! Au voleur ! » s'écrièrent-ils, et bientôt, une foule importante se lança à la poursuite du voleur. L'astucieux larron eut alors une idée. Il se mit à crier à son tour : « Au voleur ! Au voleur ! » Il parvint à s'insinuer dans la foule et évita d'être capturé. Ainsi en va-t-il de l'ego. Il est difficile pour le disciple de l'attraper et de le détruire par ses propres moyens. Il est essentiel d'être éduqué par un *sadguru*.

Le guru essaye d'éliminer complètement l'ego du disciple. L'abandon de soi pour suivre les instructions du guru n'est pas un acte de servitude, mais le chemin vers la liberté suprême et le bonheur éternel. L'unique but du guru est de libérer le disciple de toute souffrance. Quand le guru le réprimande, le disciple peut en être légèrement attristé, mais le guru le fait dans un seul but : déraciner et détruire toutes les tendances négatives du disciple et l'éveiller à son Soi véritable. Lors de ce processus, le disciple endurera très vraisemblablement une certaine souffrance émotionnelle. Cette souffrance est semblable à celle ressentie quand un médecin appuie sur une blessure pour en extraire le pus. Afin de tout faire sortir, le médecin peut être amené à inciser la plaie. Pour un témoin ignorant, le geste du médecin peut paraître cruel. Mais si, par « empathie » pour le patient, le médecin y renonce et se contente d'appliquer un remède externe sur la plaie, elle ne guérira jamais.

De même que l'unique but du médecin est d'éliminer les impuretés du corps physique, l'unique objectif du guru consiste à éliminer les négativités de l'esprit.

En réalité, le guru n'est pas un simple individu. Il est le *parama tattvam*, le principe suprême. Il est l'incarnation de la vérité, du renoncement, de l'amour et du dharma. En présence d'un *sadguru*, le disciple est en mesure de s'imprégner de tout ce que représente le guru et de se libérer. Telle est la grandeur de la présence du guru.

Notre culture

Respecter nos aînés

Mes enfants, l'un des aspects les plus importants de la culture indienne est le respect et l'obéissance envers nos parents, nos professeurs, et nos aînés en général. La coutume était de nous prosterner devant nos parents, de nous lever respectueusement lorsqu'ils entraient dans une pièce, et de donner la préséance à nos aînés. Il est attristant de constater que nous n'avons pas maintenu ces habitudes, et que nous avons échoué à les inculquer à la génération qui nous succède.

On demande parfois : « Donner la préséance, faire preuve d'obéissance, ne sont-ils pas des signes de faiblesse, d'une mentalité d'esclave ? » Mes enfants, ne pensez jamais cela car c'est une erreur. Ces usages permettent d'instaurer une harmonie au sein de nos familles et de notre société. Pour que le fonctionnement d'une machine soit fiable, il faut l'entretenir correctement, en huiler les rouages etc. Elle sera alors toujours en bon état de marche. De même, afin d'éviter les frictions entre les individus et d'assurer le bon avancement de la société, maintenons de bonnes habitudes telles que celles d'obéir à nos aînés et de leur donner la préséance.

En respectant les figures d'autorité, nous protégeons de fait les lois qui régissent le pays. De la même façon, lorsque nous obéissons et respectons des personnes qui nous sont supérieures par l'âge et la connaissance, ce que nous honorons, c'est la richesse de leur expérience. Le respect qu'un étudiant montre envers son professeur manifeste son désir d'apprendre. Cette attitude l'aide à se concentrer sur les enseignements dispensés par le professeur et à les assimiler pleinement. De plus, face à l'humilité et à la curiosité de l'élève, le professeur est touché. Il s'efforce alors de tout son cœur de lui transmettre son savoir. En réalité, c'est l'élève qui bénéficie le plus du respect et de l'obéissance dont il fait preuve.

Un homme cherchait partout une pierre lisse et de forme sphérique pour l'utiliser lors d'une puja. Il gravit même une montagne, sans parvenir à trouver une seule pierre lisse et ronde. Sous le coup de la frustration, il donna un coup de pied dans une pierre, qui dévala de la montagne. En redescendant, il trouva au pied de la montagne une pierre parfaite, tout à fait lisse et ronde. C'était en fait la pierre qu'il avait chassée d'un coup de pied depuis le sommet. Elle était devenue parfaitement lisse, à force de s'entrechoquer en chemin avec d'autres pierres.

De même, c'est seulement lorsque nous renoncerons à l'attitude qui consiste à dire « moi » et « mien » et que nous accèderons à l'obéissance et à la simplicité, que les angles saillants de notre ego disparaîtront.

C'est seulement alors que nous acquerrons la maturité de l'esprit.

L'obéissance n'est jamais une entrave à la liberté de pensée ni à l'évolution. Lorsqu'une nouvelle invention scientifique voit le jour, il y a liberté de pensée. Mais ce qui a servi de fondation à cette pensée, ce sont les travaux antérieurs d'autres scientifiques. Ainsi, c'est uniquement parce que chaque génération assimile avec obéissance et humilité les contributions de celle qui l'a précédée qu'advient le véritable progrès.

Restaurer l'harmonie de la Nature

Mes enfants, chaque élément de cet univers a un rythme particulier. Le vent, la pluie, les vagues de l'océan, notre respiration, les battements de notre cœur, chacun de ces éléments a son rythme propre. Pour notre santé physique et mentale, et afin d'assurer notre longévité, il est impératif que ce rythme soit maintenu. Ce sont nos pensées et nos actions qui donnent à la vie son rythme et sa mélodie. Si le rythme de nos pensées est désordonné, cela ne tardera pas à se refléter dans nos actions. Tôt ou tard, le rythme de la Nature lui-même en subira l'impact. La cause principale des désastres naturels tels que les tsunamis, les glissements de terrain et les tremblements de terre, c'est que l'harmonie de la Nature est mise à mal.

Un roi revêtit un jour un déguisement et quitta son palais pour participer à une partie de chasse. Durant la battue, il fut séparé du reste du groupe et s'égara dans la forêt. Fatigué et affamé, il atteignit finalement une hutte, habitée par une humble famille tribale.

Personne ne reconnut le roi. Ils lui apportèrent des fruits et des baies. En mordant dans un fruit, le roi s'exclama : « Oh, que ce fruit est amer ! »

« Oui, c'est malheureux ! » déplorèrent ses hôtes. « Notre roi est un homme très égoïste, qui s'abîme dans la luxure et ne pense qu'à son propre plaisir. Il nous force à payer des impôts excessifs. Sa cruauté est telle que ceux qui ne peuvent pas s'en acquitter sont mis à mort. A cause de ses actions *adharmiques,* même les fruits naturellement sucrés deviennent amers. »

Lorsque le roi eut plus tard regagné son palais, il ne put oublier l'incident survenu dans la forêt. Songeant à la somme de souffrances que ses sujets subissaient par sa faute, il fut envahi par le remords. Il résolut alors de consacrer le reste de sa vie à servir sincèrement son peuple. Il fit aussitôt réduire considérablement les impôts et fonda de nombreuses œuvres humanitaires et caritatives.

Quelques années plus tard, il revêtit son déguisement et retourna à la vieille hutte dans la forêt. L'humble famille lui offrit de nouveau des fruits. Cette fois, chacun des fruits était exquis. Il s'enquit de la raison de ce changement. « Notre souverain est un autre homme », répondirent ses hôtes. « Il dirige très bien le pays à présent. Le peuple est heureux et satisfait. Grâce à ses bonnes actions, un grand changement s'est également opéré dans la Nature. C'est la raison pour laquelle les fruits sont si sucrés. »

Quel message nous délivre cette histoire ? Les actions de l'homme ont un impact sur la nature. Si ses actions sont *adharmiques,* la nature perd son équilibre. Si ses actions sont *dharmiques,* cela se reflète également sur la Nature dont l'harmonie est restaurée.

Aujourd'hui, nombreux sont ceux qui exploitent la nature à l'excès. De ce fait, la nature perd son rythme naturel. Les catastrophes naturelles sont de plus en plus fréquentes. Même les petites familles veulent vivre dans de grandes maisons. Deux pièces suffisent à deux personnes pour vivre. Tout au plus peuvent-elles utiliser deux ou trois pièces supplémentaires. Mais beaucoup construisent des demeures de dix ou quinze pièces. Pour ce faire, ils rasent des collines, dynamitent des montagnes, et creusent de profonds forages. Ils ne réfléchissent pas à deux fois avant d'exploiter la nature pour leurs besoins égoïstes. Si nous faisons un peu attention, nous pouvons faire cesser cette exploitation excessive de nos ressources naturelles. Des millions de gens dans ce pays partent travailler seuls dans leur voiture. Si mille personnes se regroupent par cinq en covoiturage pour aller travailler, deux cents véhicules au lieu de mille suffiront à les transporter. Voyez combien nous y gagnerons ! La circulation sera ainsi réduite de façon radicale. La pollution diminuera. Le nombre des accidents diminuera. Notre consommation et nos dépenses de carburant seront réduites. La réduction de la circulation signifie, qui plus est, des temps de trajets plus courts.

Le comportement insensé des humains fait penser à ce bûcheron imprudent et stupide qui sciait la branche sur laquelle il était assis. Il est crucial que notre comportement change. Protéger la nature n'est pas le devoir de l'homme envers la nature ; c'est avant tout le devoir de l'homme envers lui-même. Sa survie même dépend de la nature.

Lorsque l'homme et la nature se meuvent ensemble en harmonie, la vie devient paisible. Quand le rythme et l'harmonie s'accordent, la musique qui en résulte est mélodieuse et agréable à l'oreille. De même, quand l'homme vit en harmonie avec la nature, son existence devient aussi douce qu'une belle mélodie.

Accueillez tous les « hôtes inattendus »

Mes enfants, notre culture nous enseigne à considérer les *atithis* (les hôtes inattendus) comme nous considérons Dieu. Ce terme, *atithis,* ne fait pas uniquement référence à des personnes, mais à toute circonstance imprévue. Soyons donc prêts à accueillir avec bonheur n'importe quel évènement qui se présente, comme nous accueillerions un hôte vénérable. Dans un jeu d'échecs, si nous avançons toujours nos pions, nous ne gagnerons pas. Il arrive que nous soyons contraints de reculer tactiquement certaines pièces. De même, lorsque nous rencontrons un échec, assimilons les leçons de cette expérience, puis utilisons le savoir nouvellement acquis pour avancer.

Lorsque survient l'échec, nous devons soigneusement limiter son impact à l'extérieur de notre être. Ne laissons pas notre force mentale et notre confiance s'effondrer elles aussi. En outre, préservons toujours la bonté de notre cœur et le désir d'aider autrui.

Les étudiants d'un institut de gestion participèrent un jour à des entretiens d'embauche sur leur campus universitaire. Après ces entrevues, ils regagnèrent leurs chambres, le cœur en joie pour ceux d'entre eux qui avaient réussi l'entretien, tandis que les autres étaient consternés. L'un des étudiants qui n'avaient pas été sélectionnés resta assis seul dans la salle où s'étaient déroulés les entretiens, savourant la douce brise qui la parcourait. Au bout d'un moment, remarquant que les chaises avaient été laissées en désordre un peu partout dans la pièce, il entreprit de les remettre en place.

Tandis qu'il rangeait les chaises, il remarqua quelqu'un qui l'observait depuis l'embrasure de la porte. C'était l'un des recruteurs qui avaient dirigé les entretiens ; l'affairement du jeune homme avait attiré son attention. L'étudiant, au lieu d'être affligé par son échec, était resté centré et n'avait pas oublié son sens habituel des responsabilités. Son initiative lui attira le respect du recruteur, qui l'appela et lui offrit sur le champ un emploi bien rémunéré.

C'est grâce à sa présence d'esprit et à son sens inébranlable des responsabilités envers la société que le jeune homme vit cet emploi inespéré lui tomber du ciel. Au lieu de se laisser abattre par son échec à l'entretien, il avait pensé à la façon de se rendre utile dans l'instant présent. Cette tâche, le réagencement de la salle, ne lui incombait pas, mais au lieu de se dire : « Ce n'est pas mon travail ; quelqu'un d'autre le fera » , il s'en était acquitté de très belle manière. Cette grande élévation morale le mena à la victoire.

Tous ceux qui agissent comme ce jeune homme ne décrocheront pas la victoire.

Mais telle est la loi indéfectible de l'univers que ceux qui accomplissent de bonnes actions en récoltent assurément un jour les bienfaits, et si ce n'est aujourd'hui, ce sera demain.

Une lumière dans l'obscurité

Mes enfants, l'état actuel du monde est très affligeant. D'une part on voit augmenter sans fin le terrorisme et les attaques qui y sont liées. D'autre part, à cause de l'égoïsme et de l'avidité des humains, les catastrophes naturelles sont de plus en plus fréquentes. Cependant, même en ces circonstances, nous entrevoyons ici et là des rayons d'espoir. Il y a des gens qui s'efforcent à tout prix d'aider ceux qui souffrent et qui ont faim. Ces gens sont nos modèles parce que leurs cœurs emplis de compassion éveillent en nous l'espoir d'un futur radieux.

Amma se souvient d'un fait survenu lors d'une tournée à l'étranger. Pendant le darshan, un garçon de treize ans donna une petite enveloppe à Amma. « Qu'est-ce que c'est ? » demanda-t-elle en prenant l'enfant dans ses bras.

« Trois cents euros », répondit le petit garçon.

« Où as-tu obtenu cet argent, mon fils ? »

« J'ai participé à un concours de flûte et j'ai gagné le premier prix. Cet argent est le prix qui m'a été remis. Amma prend soin de nombreux orphelins, et ceci les aidera d'une façon ou d'une autre. »

En l'entendant parler et en voyant s'exprimer ainsi son cœur innocent, Amma eut les larmes aux yeux, et dit : « Mon fils, ta bonté a aujourd'hui comblé le cœur d'Amma. Les personnes comme toi sont la véritable richesse d'Amma ».

Mais l'histoire ne s'arrête pas là. La sœur cadette du jeune garçon était très triste. Elle voulait elle aussi, à l'instar de son frère, faire un geste pour les pauvres. Ces deux enfants revinrent voir Amma deux semaines plus tard. Au moment du *darshan,* la fillette donna une enveloppe à Amma. Amma demanda : « Ma fille, qu'y a-t-il dans cette enveloppe ? »

Sa mère répondit : « La semaine dernière, son grand-père lui a donné dix euros à l'occasion de son anniversaire. Depuis, elle n'a qu'un désir : donner cet argent à Amma afin d'acheter des chocolats pour les orphelins ». A ces mots, Amma serra contre elle et embrassa cette merveilleuse enfant.

Amma demanda :« Ma fille ne veut-elle pas manger des glaces et du chocolat ? »

L'enfant secoua la tête : « Non. »

« Pourquoi ? » demanda encore Amma.

« Je peux manger des glaces et du chocolat tout le temps. Mais il y a de nombreux enfants qui n'ont pas d'argent pour en acheter, n'est-ce pas ? Amma doit prendre cet argent pour leur acheter des chocolats. »

Le frère de cette fillette, par son acte altruiste, était devenu un modèle pour sa cadette. Puissent ces jeunes cœurs emplis de compassion être un modèle pour nous tous.

C'est à l'intérieur des individus que doit commencer le changement. Une fois qu'il s'est opéré chez les individus, des changements surviennent également au sein des familles. Alors, la société tout entière progresse. Donc, tout d'abord, efforçons-nous de changer. Et assurons-nous que toutes nos actions font de nous des modèles pour les autres.

Les pratiques spirituelles et la science védique

Le samadhi

Mes enfants, la méthode la plus facile et la plus scientifique pour aider notre esprit à atteindre la concentration est la méditation. Quand l'esprit du méditant est complètement concentré, la méditation est connue sous le nom de *samadhi*.

Le mental est un flot constant de pensées. Le *samadhi* est l'état dans lequel toute pensée disparaît, tous les désirs sont contenus, et l'esprit devient complètement calme. En *samadhi*, l'esprit se fond dans la pure conscience, qui est son fondement. Cette expérience est paix suprême, béatitude suprême.

La déesse Parvati dit un jour au Seigneur Shiva : « Je me sens seule quand tu erres dans le monde en demandant l'aumône. Comme tu demeures en l'état constant de *samadhi*, il se peut que tu ne ressentes pas la tristesse causée par notre séparation. Mais je ne suis pas ainsi. Je ne supporte pas d'être séparée de toi. Alors, je te supplie de m'enseigner ce qu'est le *samadhi*. Ensuite, je n'aurai plus à souffrir autant de ton absence. »

Le Seigneur Shiva demanda à Parvati Devi de s'asseoir en posture de lotus, de fermer les yeux et de tourner son esprit vers l'intérieur. Devi s'absorba en méditation. Le Seigneur Shiva demanda alors : « Que vois-tu à présent ? »

Devi répondit : « Je vois ta forme dans l'œil de mon esprit ».

« Va au-delà de cette forme. Maintenant, que vois-tu ? »

« Une lumière divine. »

« Va au-delà de cela même. Maintenant ? »

« Je perçois à présent uniquement un son. »

« Va au-delà de cela. Qu'expérimentes-tu à présent ? »

Il n'y eut pas de réponse. L'individualité même de Devi avait été totalement absorbée, jusqu'à disparaître. Devi s'était complètement fondue dans le Seigneur Shiva. Il n'y avait plus aucun individu pour répondre. Devi avait atteint l'union éternelle, indivisible, avec le Seigneur. Elle résidait dans le royaume de l'amour pur, où le mental, les paroles, les idées et les pensées ne peuvent pénétrer.

Il existe plusieurs niveaux de *samadhi*. En méditation profonde, quelqu'un peut expérimenter la fusion de l'esprit pendant une courte période de temps. Pendant ces méditations, on ressent la paix et la béatitude. Mais cet état n'est pas permanent. A la fin de la méditation, les pensées surgissent de nouveau. En revanche, un maître véritablement réalisé est dans un état de *samadhi* constant, même en traitant des affaires dans le monde. C'est le *sahaja samadhi*.

En *sahaja samadhi*, il n'y a que la béatitude. Il n'y a ni souffrance ni bonheur. Il n'y a ni « moi » ni « toi ». L'esprit se trouve dans un état éternel de Réalisation du Soi. Le *sahaja samadhi* se situe au-delà du temps et de l'espace. Il perdure en toute circonstance, quelle que soit l'action dans laquelle la personne est engagée. Même durant le sommeil, cet état demeure inchangé. Cette personne existe à jamais en tant que pure conscience. Aux yeux des autres, elle continue à appartenir à ce monde, au sein de la dualité. Cependant, en réalité, elle demeure en permanence dans la béatitude de la pure conscience, le Soi. De tels êtres sont la véritable incarnation de la conscience suprême. En leur présence, les autres ressentent également le réconfort, la joie et la béatitude.

Yoga et exercice physique

Mes enfants, le *yoga* est un moyen d'éveiller, par l'intégration appropriée du mental, du corps et de l'intellect, le pouvoir infini qui est en nous et de réaliser ultimement notre plein potentiel. Le *yoga* contribue également à améliorer notre santé et à accroître notre patience, notre bonheur intérieur et notre conscience des valeurs. En raison de l'augmentation des maladies de civilisation et des problèmes de santé mentale, le yoga est devenu populaire dans le monde entier. Tout citoyen indien peut être fier de savoir que le *yoga* est une science qui a vu le jour et s'est développée dans notre pays.

Bon nombre de gens souhaitent connaître les bienfaits spécifiques du *yoga* comparés à ceux d'autres formes d'exercice. N'importe quel type d'exercice contribue à restaurer la santé physique et mentale, mais les bénéfices du *yoga* sont de loin supérieurs à ceux de tout exercice physique ordinaire. Généralement, les exercices physiques, par des mouvements rapides, abaissent le taux de graisse dans le corps et augmentent la force musculaire.

Mais le *yoga* se concentre davantage sur l'action de détendre toutes les parties du corps et de rediriger correctement l'énergie vitale, ce qui ouvre la voie au bon fonctionnement de tous les organes internes et de toutes les glandes, ainsi qu'à la guérison des maladies. Les nerfs sont purifiés. La force mentale augmente. Et cette pratique nous aide à acquérir la concentration. Les muscles deviennent souples et forts. Mieux qu'aucune autre forme d'exercice, le *yoga* réduit la dépression et apporte le bonheur intérieur.

Les postures de *yoga* sont également différentes des autres exercices. Elles sont effectuées posément, en se concentrant avec attention sur la respiration et en observant chaque mouvement du corps. Ainsi, l'esprit devient paisible et peut se rapprocher d'une expérience comme la méditation. Le *yoga* est donc tout aussi bénéfique pour le corps que pour l'esprit.

Pour guérir, un malade atteint d'une pathologie chronique a besoin de médicaments, mais aussi d'une alimentation appropriée et de repos. De même, pour que le *yoga* soit complet et parfait, il devrait faire partie intégrante d'un mode de vie discipliné et fondé sur certaines valeurs. En pratiquant le *yoga* en pleine conscience, il devient progressivement possible d'accomplir chaque action avec conscience. D'où s'ensuivent de meilleures pensées et émotions. Peu à peu, par l'acquisition d'une concentration totale lors de la méditation et dans l'accomplissement d'autres actions, nous pourrons connaître notre Soi véritable.

Le *yoga* favorise la vision de l'unité dans la diversité et la non-violence envers tous les êtres vivants. Ainsi, la popularité du *yoga* peut contribuer à la croissance de l'amour et de l'amitié au sein de la société, et promouvoir la paix dans le monde.

L'astrologie et la foi en Dieu

Mes enfants, beaucoup de gens développent une addiction à l'astrologie par peur de l'avenir, par anxiété. Nombreux sont ceux qui s'inquiètent ou même qui paniquent sur des questions comme le mariage, les affaires, leur emploi, une promotion professionnelle et ainsi de suite. Les situations auxquelles l'existence nous confronte, qu'elles soient favorables ou défavorables, sont principalement le résultat des actions que nous avons accomplies au cours de vies passées. Si l'astrologie peut nous fournir des indices sur notre destin et recommander divers moyens d'atténuer nos expériences négatives, elle ne peut pas les éviter complètement. Il est donc indispensable d'entraîner notre esprit à endurer les problèmes avec équanimité.

Un *mahatma* offrit un jour deux idoles à un roi et l'avertit : « Fais très attention à ces idoles. Si elles viennent à se briser, de grandes calamités telles que la guerre, la famine ou des inondations, s'abattront sur le royaume ». Le roi confia les idoles à un serviteur qui les conserva très soigneusement en un endroit particulier.

Un jour, l'une des deux idoles se cassa. Le serviteur en avertit immédiatement le roi qui, furieux, le fit emprisonner.

Quelques jours plus tard, un monarque voisin à la tête d'une armée très importante attaqua le royaume. Le roi en rejeta la faute sur le serviteur et ordonna qu'il soit pendu. Lorsqu'on demanda au serviteur s'il avait un dernier souhait à exprimer, il répondit : « Avant de mourir, je voudrais être autorisé à casser la seconde idole ».

« Pourquoi dis-tu cela ? » demanda le roi.

Le serviteur répondit : « C'est parce que la première idole s'est brisée que vous me faites exécuter. Aucun autre innocent ne devrait être condamné à mourir à cause de la seconde idole. Le *mahatma* qui vous a donné ces idoles a dit que si elles venaient à se briser, des calamités s'abattraient sur le royaume. Il n'a pas dit que ces calamités surviendraient du fait que les statues se briseraient. Le fait que l'idole se soit cassée était simplement l'indication qu'une guerre allait éclater. Dès que cet indice vous a été fourni, vous auriez dû vous préparer à faire face à l'armée de ce roi ennemi ».

En entendant ces arguments, le roi comprit son erreur et libéra le serviteur.

L'astrologie et les présages indiquent simplement les épreuves ou la bonne fortune qui pourraient être les nôtres. Il n'y a aucune raison de blâmer Dieu ou les planètes pour les difficultés et les problèmes que nous rencontrons dans notre vie. Restons vigilants et assurons-nous que toutes nos actions présentes sont de bonnes actions. Si tel est le cas, notre futur sera également rempli de bonnes expériences.

Même les athées et les sceptiques ont une foi immense en les astrologues et les devins ! Il se peut qu'un bon astrologue, doté d'intuition, soit capable de retracer votre passé et de faire des prédictions assez exactes concernant votre avenir. Plus puissante que le savoir de l'astrologue est sa capacité à mettre son esprit en phase avec des niveaux de conscience supérieurs. Au bout du compte, c'est la grâce divine à laquelle il va puiser qui confère la justesse à ses prédictions.

De même, seule la grâce de Dieu peut transformer une situation ou une expérience que notre karma nous destine à subir. Rappelons-nous également qu'aucune situation karmique ne peut être tout à fait évitée. Cependant, nos prières, la méditation et les pratiques spirituelles ont assurément un impact positif.

Beaucoup de gens pensent que commander des *pujas* et des *homas* à des prêtres contribuera à améliorer leur sort. Ces rituels sont certes très puissants, mais l'effort sincère que nous consacrons à nos propres observances spirituelles et religieuses est plus important.

L'astrologie fait partie de la culture Védique. C'est une science, un pur et subtil calcul mathématique fondé sur la relation entre les mouvements du système solaire, la nature et l'esprit humain. Comme toutes les anciennes Ecritures, la connaissance astrologique a vu le jour dans le cœur des *rishis* lors de leurs profondes méditations, un état dans lequel leur esprit faisait un avec l'univers et ses vibrations pures et naturelles. Par conséquent, comprenons que notre foi devrait se placer non pas en l'astrologue ni en ses prédictions, mais en ce pouvoir ultime qui gouverne l'univers, Dieu. Les erreurs que nous avons commises par le passé devraient être contrebalancées, dans le présent, par des actions empreintes de discernement, réfléchies et pertinentes. Si nous nous y efforçons, le futur nous sera favorable.

Plutôt que d'essayer de transformer les situations, il est plus utile de tenter de transformer notre perception. Les épreuves, l'adversité, sont souvent inévitables. Efforçons-nous de notre mieux d'avancer sur le bon chemin, d'agir et de penser de façon *dharmique*. Si certaines expériences difficiles se présentent encore à nous malgré nos efforts sincères pour les circonvenir, la bonne attitude consiste alors à les accepter comme la volonté de Dieu. C'est à cette seule condition que la paix et la tranquillité régneront dans notre existence.

Valeurs universelles

Évitez les idées préconçues

Mes enfants, nous percevons certaines personnes comme étant de « bonnes » personnes et en étiquetons d'autres comme « mauvaises ». Puis nous changeons d'avis. Nous considérons parfois aujourd'hui comme « mauvaises » celles que nous définissions auparavant comme « bonnes », et inversement. Ainsi, notre perspective et nos opinions sont en fluctuation constante. Pourquoi ? La raison principale, c'est que la connaissance adéquate nous fait défaut. Nous sommes habitués à tout juger au travers de notions préconçues.

Si nous regardons une chose à travers le prisme de nos préjugés, nous échouerons à la comprendre correctement. Il faut mettre toute chose à sa juste place et apprendre à la regarder avec un esprit ouvert. C'est seulement alors que nous percevrons la réalité d'une situation.

Ce monde, ainsi que les objets et les individus qui s'y trouvent, est en constante transformation.

L'individu que nous avons vu hier est différent de celui que nous voyons aujourd'hui. Un tailleur reprend à chaque fois les mesures de ses clients, même parmi les plus réguliers. Il ne se dit jamais : « J'ai pris les mesures de cette personne la dernière fois qu'elle est venue. Pas la peine de recommencer ». Il sait que les dimensions du corps du client, ainsi que ses goûts, peuvent s'être modifiés. Ayons cette attitude lorsque nous entrons en interaction avec les autres.

Le comportement d'une personne à notre égard peut changer à tout moment. L'ennemi d'aujourd'hui peut devenir l'ami de demain ; et l'ami d'aujourd'hui, l'ennemi de demain. Considérons toujours les autres avec un esprit ouvert et sans opinions préconçues.

Certaines personnes pensent qu'en agissant sur la base de notions préconçues, elles éviteront des difficultés à venir. En réalité, éviter les problèmes requiert de l'attention, et non du parti-pris. Le préjugé est négatif ; seule l'attention est positive. Lorsque nous laissons nos préjugés guider nos actions, nous perdons une occasion d'apprendre. En revanche, quand nous agissons avec attention et vigilance, des idées et des perspectives nouvelles se révèlent à nous.

Un homme ne retrouvait pas son portefeuille, lequel contenait une grosse somme d'argent. Il était sûr de l'avoir vu quelques instants plus tôt, rangé à sa place habituelle, dans sa chambre. Lui, son épouse et ses enfants fouillèrent la maison de fond en comble, sans parvenir à retrouver le portefeuille. A ce moment-là, le fils, âgé de sept ans, lança : « Le garçon d'à côté était ici il y a un petit moment ». Tout à coup, la famille tout entière commença à soupçonner le fils du voisin, un enfant qu'ils avaient auparavant toujours considéré avec amour. « N'as-tu pas remarqué son regard sournois ? » dit l'un. Les autres en convinrent à tour de rôle, puis finirent par renchérir : « C'est certain, c'est lui qui a volé le portefeuille ». Ils en vinrent à juger que le garçonnet avait l'allure, la démarche et le comportement d'un voleur, et enfin à considérer également avec mépris les autres membres de sa famille. Ils perdirent ainsi progressivement toute paix de l'esprit.

Une semaine plus tard, alors qu'elle entreprenait un ménage minutieux de la maison, l'épouse découvrit le portefeuille disparu sous un coussin du canapé. Son attitude à l'égard du fils du voisin changea instantanément. Il redevint le charmant enfant innocent du passé. Lorsque nous considérons quelque chose avec des opinions préconçues, notre esprit pose un jugement prématuré. Tout s'éclaire ensuite à la lumière de ce jugement. Or, souvent, nous nous trompons. Par conséquent, avant d'arriver à une conclusion, la bonne marche à suivre consiste d'abord à examiner la situation avec attention et discernement.

En fait, les partis-pris se forgent souvent lorsque nous projetons sur les autres nos propres attirances et nos propres aversions. Pareille attitude, au lieu de nous aider à percevoir la vérité, nous aveugle. Les idées préconçues nous forcent à voir le monde à travers des verres teintés. Selon la couleur du filtre, nous imaginons alors le monde « bleu », « noir », ou « vert », etc. Il devient ainsi impossible d'avoir une vision correcte de la nature du monde. Il nous faut comprendre et évaluer le monde, les diverses circonstances et expériences, et nous-mêmes, non pas à l'aide d'opinions préconçues, mais en faisant preuve d'attention et de maturité. C'est seulement grâce à la spiritualité que l'on peut y parvenir.

Éveillons la conscience

Mes enfants, aujourd'hui, nous possédons des connaissances mais il nous manque la conscience. Nous avons un intellect, mais n'avons pas de discernement. Nos pensées, nos paroles et nos actions devraient émaner de la connaissance juste et de la conscience éclairée. Sinon, nous n'atteindrons pas les buts qui sont les nôtres. Si un char est tiré par des chevaux allant dans deux directions opposées, il n'arrivera nulle part. Mais si les deux chevaux tirent le char dans la même direction, il atteindra très rapidement sa destination. Ainsi, nous ne progresserons rapidement dans l'existence que si nos pensées, nos paroles et nos actions sont en accord.

Tant que notre conscience n'est pas éveillée, nous serons incapables de faire un usage approprié des circonstances, même favorables, qui se présentent à nous. Nous agirons inconsidérément, et nous aboutirons au désastre.

Un homme d'affaires racheta un jour une usine au bord de la faillite et proche de la fermeture. Pour que l'usine survive, il lui fallait se débarrasser de tous les employés paresseux et voleurs et les remplacer par des travailleurs capables, sincères et fiables. Il se mit à observer tous les employés d'un œil affûté. Lors de sa première visite, il vit un ouvrier qui dormait, adossé à un mur. Un groupe d'hommes, près de lui, s'affairaient à leur tâche. Décidant de donner une leçon à tous, l'homme d'affaires réveilla le dormeur et lui demanda : « Quel est votre salaire mensuel ? » L'homme ouvrit les yeux et répondit d'un air surpris : « Six mille roupies ».

L'homme d'affaires ouvrit aussitôt son portefeuille, en sortit une liasse de billets et les lui tendit. « D'ordinaire, dit-il, quand un employé est renvoyé, il reçoit deux mois de salaire. Mais je vous en donne quatre. Voici vingt-quatre mille roupies. A partir de maintenant, je ne veux plus jamais vous voir ici. »

Après le départ de l'employé, l'homme d'affaires demanda aux autres ouvriers : « Dans quel service travaillait-il ? » L'un d'eux répondit : « Il ne travaille pas ici, monsieur. Il est venu livrer des repas pour le personnel. Il attendait juste de récupérer tous les récipients ».

Dans cette histoire, le patron était intelligent mais ses actions, inconsidérées. Il lui manquait la conscience nécessaire. Voilà pourquoi il devint un objet de ridicule.

Pour accomplir une action avec une conscience totale, cinq facteurs doivent être réunis. Tout d'abord, la connaissance de la tâche qui nous incombe. Deuxièmement, la capacité de discerner le vrai du faux et d'entrevoir tous les résultats et conséquences possibles. Troisièmement, un esprit calme et paisible. Quatrièmement, une complète concentration. Et cinquièmement, le détachement nécessaire pour pouvoir déplacer notre perspective, prendre du recul et examiner nos actions et nous-mêmes avec objectivité. Lorsque ces cinq facteurs sont réunis, nous sommes en mesure d'accomplir n'importe quelle tâche au mieux de nos capacités. Puissent nos efforts se concentrer sur cet objectif.

Les mauvaises habitudes

Mes enfants, l'un des plus grands dangers qui nous guette est de tomber entre les griffes de mauvaises habitudes. Car il est alors très difficile de s'en libérer.

Soyons donc toujours vigilants.

C'est quand nous accomplissons certaines actions ou nourrissons des pensées négatives de façon répétée qu'elles se transforment en habitudes. Sans que nous nous en rendions compte, ces habitudes finissent ensuite par dévorer notre existence.

Un homme consulta un jour un ophtalmologue pour une irritation oculaire. Le spécialiste l'examina, avant d'assurer : « Il n'y a rien d'inquiétant. Désinfectez-les simplement avec un jet de brandy deux fois par jour. En l'espace d'une semaine, l'inconfort disparaîtra ».

La semaine suivante, le patient revint voir le médecin. Après l'avoir examiné, le praticien constata : « Je ne vois pas d'amélioration ! Que s'est-il passé ? N'avez-vous pas suivi mes instructions ? » Le patient répondit : « J'ai essayé, mais il m'a été impossible de lever la main plus haut que ma bouche ».

Si puissante est l'emprise des habitudes sur nous, qu'une fois qu'elles dont devenues notre nature, nous en sommes esclaves. Aujourd'hui, nous sommes pour ainsi dire en état de sommeil. Voilà pourquoi nous n'avons aucune conscience de nos paroles et de nos actes. Il ne suffit pas de posséder le savoir. Notre conscience doit être éveillée. C'est à cette condition que nous retirerons les bienfaits de ce savoir. Tous les fumeurs savent que fumer est dangereux pour la santé, mais ils continuent. C'est seulement quand on leur diagnostique un cancer qu'ils prennent conscience de la nocivité de leur accoutumance. A ce moment-là, même s'ils ont envie de fumer, ils ne toucheront plus jamais à une cigarette.

De nombreuses personnes prisonnières de telles addictions me disent : « Cette habitude s'est forgée au fil des années. Il est très difficile d'arrêter tout d'un coup. Alors, je vais essayer de m'arrêter progressivement ». C'est parce qu'elles ne mesurent pas le degré de dangerosité de cette addiction pour leur santé physique et mentale.

Imaginez qu'une maison prenne feu pendant le sommeil de son propriétaire.

Il se réveille et découvre que le feu l'entoure de toutes parts. Sa seule pensée sera de s'échapper. Il ne va pas prendre tranquillement son temps. De la même façon, dès que nous comprendrons réellement que ces mauvaises habitudes sont nuisibles, nous arrêterons sur le champ.

La première condition nécessaire pour se libérer des mauvaises habitudes est la détermination. La seconde consiste à éviter les situations où la tentation est présente. Il est capital de se tenir à distance des amis qui nous entraînent dans ce type de comportements. N'hésitez pas à rechercher l'aide d'un médecin ou d'un thérapeute si nécessaire. Si vous êtes vigilant et que vous faites des efforts constants, vous pouvez surmonter n'importe quelle mauvaise habitude.

La dévotion est une fin en soi

Mes enfants, la croyance commune est que Dieu s'incarne sous une forme humaine afin de protéger et de préserver le *dharma* et d'annihiler l'*adharma*. Mais il existe une raison encore supérieure : Dieu s'incarne afin d'éveiller dans les cœurs humains l'amour pour Lui. C'est pourquoi de nombreux sages affirment qu'en plus des quatre buts de la vie humaine, la vertu, la sécurité financière, le désir et la libération, il en existe un cinquième : la dévotion.

Un vrai dévot ne désire même pas la libération. Il n'a qu'un seul but, se rappeler Dieu et Le servir tout au long de sa vie. Il ne désire rien d'autre. Selon le véritable dévot, la dévotion est une fin en soi. Dans l'amour qui le pousse à rechercher la dévotion, l'individu cesse d'exister. L'abandon de soi devient alors complet. Même là, le désir d'aimer Dieu demeure dans le cœur du dévot. Le dévot qui savoure constamment la béatitude de la dévotion devient lui aussi une incarnation de la béatitude.

Uddhava dit un jour au Seigneur Krishna : « J'ai entendu dire que parmi tous les dévots, les *gopikas* sont celles que Tu aimes le plus. De nombreux autres dévots, en entendant Ton nom, ont les yeux qui s'emplissent de larmes. Ils entrent en *samadhi* dès qu'ils entendent Ta flûte divine. Lorsqu'ils aperçoivent, même à une grande distance, la teinte bleutée de Ton corps divin, ils sont submergés par l'émotion et tombent en pâmoison. Qu'a donc de si extraordinaire la dévotion des *gopikas*? »

Le Seigneur sourit et répondit : « Tous mes dévots me sont chers. Mais les *gopikas* ont quelque chose de très spécial et d'unique. D'autres dévots versent des larmes quand ils entendent mon nom. Mais pour les *gopikas,* tous les noms sonnent comme le mien. Tous les sons, à leurs oreilles, sont la flûte divine du Seigneur Krishna. Toute couleur est bleue, à leurs yeux. Les *gopikas* sont capables de voir l'unité dans la diversité. C'est pourquoi elles sont devenues plus chères à mon cœur que nul autre.

L'esprit d'une épouse qui aime son mari comme sa propre vie n'est habité, au moment où elle prend la plume pour lui écrire, que par lui. Ses pensées sont tout emplies du souvenir de son cher époux, tandis qu'elle saisit le stylo et la feuille de papier.

De même, l'esprit d'un véritable dévot est constamment concentré sur Dieu : quand il se prépare à l'adoration, quand il prépare les récipients, les bâtons d'encens, le camphre et les fleurs. Dans ce noble et suprême moment de dévotion, il voit le Créateur dans toute la création. C'est pour cette raison même que les *gopikas* étaient incapables de voir quoi que ce soit comme différent de leur Seigneur.

Puisse le souvenir du Seigneur Krishna et des *gopikas* dansant avec béatitude à Vrindavan, oubliant tout le reste dans leur allégresse, emplir nos cœurs de dévotion, de joie et de béatitude.

Pensée et action

Mes enfants, il y a sur cette terre deux sortes de gens : ceux qui agissent sans réfléchir et ceux qui réfléchissent sans agir. Le premier groupe s'attire de nombreux problèmes en agissant inconsidérément. Non seulement ils sont incapables d'aider qui que ce soit, mais ils nuisent souvent aux autres. Le second groupe pense avec discernement et comprend ce qui est bien et ce qui est mal. Mais ils n'agissent pas en conséquence. Tout au plus peuvent-ils prodiguer des conseils aux autres, comme un malade qui recommanderait à quelqu'un d'autre de prendre des remèdes à sa place. Nous prévoyons souvent d'entreprendre mille actions vertueuses, mais nous inventons ensuite mille excuses pour annuler notre projet.

Une grande foule de dévots se rassemblait chaque semaine pour prier et méditer dans un temple ancien. Observant cela, un singe se dit : « Tous ces dévots reçoivent la grâce de Dieu en pratiquant des austérités et des prières. Pourquoi ne pratiquerais-je pas également le jeûne et la méditation ? »

La semaine suivante, ce singe s'assit sous un arbre et se mit à méditer. Mais presque aussitôt, il se dit : « Je n'ai jamais jeûné ainsi auparavant. Le temps que le jour de jeûne touche à sa fin, je serai peut-être trop épuisé pour seulement marcher. Je pourrais mourir ! Si je m'assois sous un arbre fruitier, alors je n'aurai pas à aller loin pour chercher ma nourriture une fois ma méditation terminée ».

Fort de cette réflexion, le singe se releva et alla s'asseoir sous un arbre fruitier. Puis il commença à méditer. Au bout d'un moment, il se remit à réfléchir : « Et si, après avoir jeûné tout ce temps, je n'avais plus l'énergie de monter à l'arbre pour trouver des fruits ? » Il grimpa donc jusqu'à une branche chargée de fruits et s'y assit pour méditer. Puis, il pensa : « Et si, après avoir jeûné, mes bras étaient trop faibles pour cueillir les fruits ? » Il cueillit alors une grande quantité de fruits, les posa sur ses genoux et recommença à méditer. Un petit moment plus tard, il eut faim. « Il y a bien longtemps que je n'avais pas trouvé de fruits aussi gros ni aussi savoureux. Je pourrai toujours jeûner un autre jour ! » pensa-t-il. A peine cette pensée se fut-elle insinuée dans son esprit que le fruit était dans sa bouche.

Bon nombre d'entre nous sont comme ce singe. Notre esprit trouvera toujours des prétextes pour éviter de faire ce qui doit être fait. En même temps que la connaissance, il nous faut de la détermination et une concentration totale sur notre but. Ceux qui ont de la volonté et qui s'efforcent d'atteindre tous leurs buts réussiront, c'est certain.

Ne soyez pas esclave de la colère

Mes enfants, la colère est une faiblesse qui fait de nous des esclaves. Quand nous nous mettons en colère, nous perdons à la fois le contrôle de nous-mêmes et toute capacité de jugement. Nous perdons toute conscience de nous-mêmes et de ce que nous disons ou faisons. Aujourd'hui, notre esprit est devenu une marionnette dont les autres tirent les fils. Ils savent exactement comment nous atteindre. S'ils chantent nos louanges, nous sommes heureux. S'ils nous critiquent, nous sommes perturbés. Ce sont donc les paroles des autres qui contrôlent notre vie. En outre, lorsque nous trépignons de colère, créant ainsi l'enfer pour nos proches, notre attitude est bien souvent une source d'amusement pour ceux qui en sont les témoins.

Mes enfants, Amma se rappelle une histoire. Un homme se rend chez le coiffeur. Tout en s'attaquant à sa coupe de cheveux, le coiffeur lui dit : « J'ai rencontré votre belle-mère hier. Savez-vous ce qu'elle dit ? Elle affirme que vous cachez chez vous une grosse somme d'argent non déclaré ».

A ces mots, l'homme devient rouge de colère. « Elle a dit cela ? Elle ne vaut elle-même pas mieux qu'un voleur de bas étage ! Savez-vous à combien de gens elle a emprunté de l'argent sans jamais rembourser un centime ? C'est moi qui paie ses dettes ! » L'homme ne s'arrête pas là. Il continue à médire de sa belle-mère pendant tout le temps que dure sa coupe de cheveux.

Un mois plus tard, cet homme retourne chez le coiffeur. Ce dernier le fait asseoir dans le fauteuil, prend les ciseaux, et commence immédiatement à parler de sa belle-mère.

« J'ai encore rencontré votre belle-mère l'autre jour », dit-il. « Elle s'est plainte que vous ne lui donniez aucun argent pour les dépenses de la maison. »

L'homme se met en rage. « Quelle diablesse est-elle donc pour dire une chose pareille ? C'est moi qui règle toutes ses dépenses, ses vêtements, sa nourriture, tout ! » rugit-il. Une fois lancé, il poursuit de nouveau sa diatribe contre sa belle-mère pendant toute la durée de la coupe. La troisième fois qu'il se rend chez le coiffeur, ce dernier amène une fois de plus la conversation sur sa belle-mère. Cette fois, l'homme l'arrête et gronde : « Mais pourquoi mentionnez-vous toujours ma belle-mère ? Je ne veux plus entendre parler d'elle ».

Le coiffeur répond : « Eh bien, voyez-vous, je vous parle d'elle parce que cela vous met tellement en colère que vos cheveux se dressent sur votre tête et qu'ils sont alors très faciles à couper ».

Quand nous nous mettons en colère, la colère devient notre maître et nous, son esclave. Mais avec la compréhension adéquate et un certain contrôle de soi, nous pouvons changer cet état de fait. Dès que nous comprenons que notre colère est une faiblesse, nous pouvons nous efforcer de la contrôler.

En réalité, chaque personne, chaque circonstance, est un miroir, susceptible de refléter nos faiblesses et nos négativités. De même que nous nettoyons la saleté de notre visage en nous regardant dans un miroir, utilisons les diverses circonstances qui se présentent à nous pour éliminer la saleté de toutes nos faiblesses et de toutes nos négativités.

Si nous acquérons une certaine compréhension spirituelle, il nous sera plus facile de garder le contrôle de nos pensées et de nos émotions. Si quelqu'un se met en colère contre nous, rappelons-nous que la colère est un handicap, un handicap mental. Cette pensée nous aidera à lui pardonner. Nous pouvons également nous demander : « Quel est l'intérêt de me mettre moi aussi en colère ? Ne serait-il pas plus sage de m'efforcer au contraire de vaincre mon ego, qui est la véritable source de toutes mes souffrances ? » Si nous réfléchissons ainsi, nous serons capables de conserver en toute circonstance notre équanimité et notre calme.

L'enthousiasme est le secret du succès

Mes enfants, quel que soit le domaine dans lequel nous voulons réussir, il nous faut un enthousiasme infatigable. Quels que soient les obstacles que nous rencontrons, il s'agit de persévérer, de continuer à essayer avec une confiance en soi et un enthousiasme constants. Qui garde un enthousiasme constant réussit toujours ce qu'il entreprend.

Un enfant qui apprend à marcher tombe un nombre incalculable de fois, mais très vite, il se relève et essaie de nouveau. Peu importe le nombre de fois où il trébuche et tombe ; il se relève à chaque fois. Même s'il récolte des bleus ou se fait mal, il continue à essayer. Et c'est grâce à ses efforts infatigables, à son enthousiasme et à sa patience, qu'il apprend à marcher. Lorsque nous rencontrons un obstacle, persévérons comme cet enfant, sans nous laisser abattre.

Un troupeau de chèvres repéra un jour un vaste vignoble au sommet d'une montagne. Tous les jeunes chevreaux en furent tout excités. Ils ne pensaient plus qu'à se ruer jusqu'au sommet de la montagne pour dévorer les grappes de raisin ! Ils se mirent tous à grimper aussi vite qu'ils pouvaient. Voyant cela, les chèvres plus âgées s'écrièrent : « Hé, où allez-vous ? Ce vignoble est bien trop haut ! Vous n'arriverez jamais à grimper jusque-là ». A ces mots, les petits commencèrent à perdre leur enthousiasme. Bientôt, ils se fatiguèrent et, l'un après l'autre, redescendirent.

A la fin, il restait un seul chevreau. Il continuait simplement à grimper. Toutes les chèvres adultes et les chevreaux, en bas, essayèrent de le ramener à la raison, mais personne ne réussit à entamer son enthousiasme. Il atteignit finalement le sommet de la montagne et se remplit la panse de raisins. Quand il redescendit, tous ses amis applaudirent et l'accueillirent en fanfare. Une chèvre demanda alors : « Incroyable ! Comment as-tu pu y arriver alors que personne d'autre n'y est parvenu ? » Le chevreau ne répondit pas. Puis, sa mère expliqua : « Mon fils est sourd ».

En fait, la surdité du chevreau s'était avérée une bénédiction. Il avait pu conserver son enthousiasme malgré toutes les critiques qui fusaient autour de lui.

Nous possédons tous en nous ce même pouvoir de remporter la bataille. Malheureusement, pour la plupart, nous nous effondrons face à la négativité et ne prenons jamais conscience de cette extraordinaire force intérieure. Faisons preuve de vigilance et restons concentrés sur notre but dans la vie. Si nous sommes conscients du but et fournissons des efforts constants, nous serons en mesure d'accomplir des exploits apparemment impossibles.

Guérir de la culpabilité concernant nos erreurs passées

M es enfants, beaucoup de gens en ce monde vivent rongés par la culpabilité, à cause de fautes qu'ils ont commises, sciemment ou inconsciemment. Bon nombre d'entre eux sombrent dans la dépression et autres pathologies psychiques. Certains vont même jusqu'à se suicider. De nombreuses personnes vont dans les temples ou en pèlerinage rechercher le pardon de leurs fautes. Mais très peu trouvent la paix réelle et sont ainsi libérés de la culpabilité qui les hante.

Il est aussi vain de s'abîmer dans les regrets et la tristesse à propos de nos erreurs passées que d'étreindre un cadavre en pleurant. Toutes nos larmes ne le ramèneront pas à la vie. De même, malgré tous nos efforts, nous ne pouvons jamais revenir en arrière et effacer nos erreurs. Le temps avance et ne recule pas. Quand un enfant se fait une légère éraflure, il gratte souvent la plaie de façon répétée et aggrave ainsi la blessure, jusqu'à ce que la douleur devienne insupportable. Se répéter à longueur de temps : « J'ai commis ces fautes. Je suis un pécheur », revient exactement au même. Pareille attitude transforme une petite plaie en maladie grave, et n'amènera jamais la paix de l'esprit.

Quelles que soient les circonstances, il faut raisonner de façon pragmatique. S'il nous arrive de tomber, ne restons pas effondré en larmes au sol. Levons-nous et continuons à marcher, en faisant chaque pas avec prudence. Et ne perdons pas espoir.

Un journaliste demandait au propriétaire d'une ferme florissante le secret de sa réussite.

Le fermier répondit : « Prendre les bonnes décisions ».

De nouveau, le journaliste demanda : « Comment avez-vous été capable de prendre les bonnes décisions ? »

« L'expérience. »

« Comment avez-vous acquis cette expérience ? »

« En prenant de mauvaises décisions. »

L'expérience que le fermier avait acquise en prenant de mauvaises décisions l'avait aidé à prendre ensuite les bonnes décisions. Et quand il prit les bonnes décisions, il accéda à la réussite. Cette histoire nous enseigne que même une mauvaise décision peut devenir un tremplin vers le succès.

L'instant présent est notre seule richesse. C'est seulement dans l'instant présent que nous pouvons effacer nos erreurs et manifester de la bonté. Lorsque nous nous laissons aller à la tristesse en songeant au passé, nous gâchons le précieux instant présent. Ce qui importe, c'est de bien utiliser le présent. C'est ce qui dirige notre chemin de vie. Donc, faisons le serment solennel de ne pas répéter nos erreurs passées. Si c'est possible, entreprenons les démarches susceptibles d'effacer ces erreurs ou faisons amende honorable. Ensuite, avançons en nous concentrant sur notre but. Voilà ce qui est nécessaire.

Dans notre hâte, la beauté nous échappe

Mes enfants, nous vivons à une époque où nous sommes incapables de préserver du temps pour les autres ou pour nous-mêmes. C'est que des centaines de pensées occupent constamment notre esprit, des pensées concernant des événements passés, des choses qui pourraient survenir dans le futur ou que nous avons à faire. De ce fait, nous sommes incapables de savoir ce qui doit être accompli dans l'instant présent, incapables d'agir de façon à obtenir de bons résultats. Du coup, nous ne pouvons trouver la paix et passons à côté de la beauté de ce monde

Un grand-père et son petit-fils se promenaient régulièrement dans un parc floral proche de chez eux. Un jour, tout en marchant, le petit garçon sentit quelque chose de dur sous les feuilles mortes du chemin. Il se pencha et découvrit une pièce de monnaie. « Quelqu'un a dû la faire tomber en marchant », dit-il en la ramassant, tout content. Depuis lors, chaque fois qu'ils allaient se promener, le garçon scrutait les feuilles à la recherche de pièces. De temps à autres, il en trouvait une ou deux et les mettait dans sa poche. Il n'en parla pas à son grand-père. En rentrant à la maison, il rangeait les pièces bien à l'abri dans une boîte. Cela devint une habitude. Environ cinq ans plus tard, le garçon montra toutes ses pièces à son grand-père. « Grand-père, regarde toutes les pièces que j'ai ramassées pendant nos promenades ! Ça fait plus de cent roupies ! »

Le grand-père sourit et répondit : « Mon fils, tu es chanceux d'avoir trouvé autant de pièces. Mais pense à toutes les choses que tu as ratées pendant que tu étais occupé à chercher des pièces. Tu n'as pas vu les arbres magnifiques se balancer dans le vent. Tu n'as pas entendu le chant mélodieux des oiseaux. Tant de levers et tant de couchers de soleil sont passés dans le ciel sans que tu les remarques ! Tu as été sourd au bruit des ruisseaux qui courent dans le jardin, à la beauté des bassins. Mon fils, de telles choses n'ont pas de prix. »

N'en va-t-il pas trop souvent ainsi dans notre vie ? Combien de gens emmènent leur famille à la plage pour contempler le coucher du soleil, mais passent leur temps à surveiller leurs e-mails et leurs messages téléphoniques ? Au cœur même de toute cette beauté, ils oublient de la savourer. Nous passons énormément de temps sur Facebook, mais nous ne voyons pas les visages de nos proches.

Mes enfants, il ne devrait pas en être ainsi. La technologie a de bons aspects. Elle peut nous rapprocher de ceux qui sont loin, mais elle ne devrait pas pour autant nous éloigner de ceux qui sont proches de nous. Souvent, l'épouse est à l'évidence très triste, sans que le mari y prête seulement attention. Absorbés jour et nuit par leur travail, les pères n'arrivent pas à prendre le temps d'écouter les membres de leur famille. N'est-il pas dommage de posséder un magnifique jardin pour, chaque fois que nous nous y asseyons, parler au téléphone et ne jamais apprécier sa beauté ?

L'agitation mentale peut aisément éclipser la beauté de ce monde. Alors, la vie devient pareille à une belle fleur maculée de boue. C'est uniquement si nos pensées viennent au moment et de la façon appropriés, que nous accomplissons nos tâches sereinement et vivons dans le présent. Alors seulement, pouvons-nous savourer la beauté qui est à la fois notre véritable nature et la nature du monde.

Apprenez à donner en retour à la société

Mes enfants, récemment encore, la simplicité et le sacrifice de soi étaient considérés comme les deux aspects les plus importants de la vie. Mais aujourd'hui, le but primordial de la plupart des gens se résume à accumuler le plus d'argent et le plus de biens matériels possible. Malheureusement, ils pensent que la réussite consiste à prendre le maximum et à donner le minimum.

Lorsque nous prenons quelque chose à la nature ou à la société, nous avons la responsabilité de donner quelque chose en retour. Si nous faisons en sorte de donner davantage que nous ne prenons, alors la paix, la prospérité et l'unité règneront en permanence dans la société. Mais aujourd'hui, les gens entretiennent une relation commerciale avec la société et avec la nature. Ils entretiennent même une relation commerciale avec Dieu. Nous sommes supposés cultiver une attitude d'abandon de soi envers Dieu, mais à l'inverse, même quand les gens prient, ils essaient d'en tirer profit.

Un riche homme d'affaires voyageait en bateau. Soudain, le navire fut pris dans une terrible tempête. Le capitaine annonça que leurs chances de survie étaient minces. Tout le monde se mit à prier. L'homme d'affaires fit cette prière : « Dieu, si je survis, je vendrai mon hôtel cinq étoiles et je Te donnerai soixante-dix pour cent de cet argent. Je T'en supplie, protège-moi ». Étonnamment, dès qu'il eut prononcé ces paroles, la mer se calma.

Bientôt, tous les passagers, y compris l'homme d'affaires, se retrouvèrent sains et saufs à quai. Mais l'homme d'affaires était à présent à l'agonie. Il se dit : « Si je vends mon hôtel, j'en tirerai au moins dix millions de roupies, et je devrai donner sept millions à Dieu. C'est horrible ! » Il chercha une échappatoire. Le lendemain, une annonce parut dans tous les journaux, qui disait : « Hôtel cinq étoiles à vendre pour seulement une roupie ». Des centaines de gens se présentèrent pour acheter l'hôtel. L'homme d'affaires leur fit face et annonça : « D'accord. C'est vrai que je vends mon hôtel pour une roupie. Mais il y a une condition. L'acheteur doit également faire l'acquisition de mon chien. Et le prix de ce chiot est de dix millions de roupies ».

Un acheteur finit par s'avancer, la vente fut conclue et l'homme d'affaires offrit soixante-dix paisas à Dieu.

Telle est l'attitude de nombreuses personnes dans le monde actuel. Pour obtenir ce que nous voulons, nous sommes même prêts à tricher avec Dieu. Aujourd'hui, nous voyons tout avec les yeux d'un homme d'affaires. Notre unique souci consiste à préserver nos intérêts égoïstes, à tous les niveaux. Beaucoup de gens croient ainsi prospérer. Mais une telle prospérité est comme une forme de cancer : une croissance déséquilibrée qui mène ultimement à la destruction de l'individu et de la société. L'enrichissement individuel qui se fait sans considération pour le bien de la société n'est pas la véritable prospérité.

Notre prospérité ne devrait pas empêcher les autres de prospérer. Elle devrait au contraire les y aider. Mes enfants, quoi que nous donnions au monde, cela nous reviendra. Si nous plantons une graine, la terre la rendra au centuple. Quoi que nous donnions, cela nous sera retourné comme une bénédiction, à la fois dans le présent et dans le futur. C'est en donnant et non en prenant que notre vie s'enrichit.

Surmonter le stress

Mes enfants, de nos jours, les gens sont constamment sous tension. Malgré tout le confort dont ils disposent, ils ne parviennent pas à se libérer de la tension qui les habite. S'inquiéter en permanence est devenu notre nature. Si nous avons une plaie à la main, ce n'est pas en l'examinant, en pleurant et en nous inquiétant que nous la guérirons. Il faut nettoyer la blessure et y appliquer un remède. Au risque, sinon, qu'elle s'infecte. Ainsi en va-t-il des problèmes que nous rencontrons. L'inquiétude ne les résoudra pas.

En fait, l'angoisse ne fait qu'aggraver nos problèmes. C'est comme si nous participions à une course avec un poids de cent kilos autour du cou. Comment pourrions-nous gagner ? Notre existence devient alors forcément misérable.

Normalement, une tension artérielle minimale de 8 et une tension maximale de 12 sont les signes d'une personne en bonne santé. Quand une personne qui souffre de tension artérielle subit un stress, sa tension peut monter à 15 ou 20. Elle risque alors un accident vasculaire cérébral qui laisserait un côté de son corps paralysé. La tension nous affaiblit, intérieurement et extérieurement. Un grand pourcentage de gens souffre d'une pathologie cardiaque. Beaucoup portent un pacemaker. Cependant, si nous installons le *peacemaker* (faiseur de paix) de la spiritualité, la plupart des pacemakers deviendront inutiles.

Un guru et ses disciples marchaient sous un soleil de plomb. Ils virent un arbre et s'assirent à l'ombre de son feuillage. Le guru demanda à ses disciples d'aller chercher de l'eau. Ils aperçurent au loin un petit étang. Mais lorsqu'ils y parvinrent et commencèrent à y puiser de l'eau, un fermier amena ses bœufs s'y baigner et l'eau devint toute boueuse.

Découragés, les disciples rejoignirent le guru et lui racontèrent ce qui s'était passé. Le guru leur demanda de s'asseoir à côté de lui. Tout le monde se reposa tranquillement à l'ombre pendant une demi-heure. Après quoi, le guru dit : « Maintenant, vous pouvez retourner au point d'eau et vérifier sa limpidité ». Les disciples obtempérèrent et virent que l'eau était à présent aussi claire que du cristal. Ils remplirent leurs récipients, puis revinrent les lui offrir. Il déclara : « La condition de l'esprit humain est pareille à cette eau. Quand les problèmes surviennent, il devient trouble et agité. Mais en restant un moment tranquille et silencieux, il recouvre son calme, ses talents et ses capacités. »

Vie simple et sacrifice de soi

Mes enfants, les valeurs et la conception de notre société sont en train de changer radicalement. Jusqu'à il y a deux générations, une vie simple et le sacrifice de soi étaient nos idéaux les plus élevés. Mais aujourd'hui, pour la plupart des gens, ce qui importe le plus est de vivre dans le luxe. Le gaspillage et les dépenses extravagantes font désormais partie intégrante de notre mode de vie.

Certaines personnes dépensent des milliers, voire des dizaines de milliers de roupies pour obtenir un confort et un luxe incongrus. Pendant ce temps, leurs voisins meurent de faim. Un millier de roupies peut faire la différence dans la vie d'une jeune fille, entre l'accès au mariage et une vie de célibat. Certains dépensent des milliers de roupies pour célébrer les noces de leur fille. D'autres familles rejettent leur bru et la renvoient chez ses parents parce que sa dot est insuffisante. Il y a de nombreux cas de ce genre.

De nos jours, les Indiens ont tendance à faire des dépenses inconsidérées dès qu'il s'agit de mariage. En réalité, on peut très bien célébrer un mariage simplement, devant un officier d'état civil. Par le passé, les célébrations de mariage avaient pour but de contenter les amis et les voisins afin qu'ils comblent les nouveaux mariés de leurs bénédictions, assurant ainsi au couple une vie paisible et heureuse.

Mais tout cela a changé au fil du temps.

Nous ne devrions pas accorder une telle importance au luxe ostentatoire ni engager des dépenses aussi immodérées. Avec un peu de compassion dans le cœur, nous pouvons réduire la somme que nous dépensons pour le mariage de notre enfant et donner ce que nous avons économisé afin d'aider des jeunes filles pauvres à se marier. Aujourd'hui, la société indienne, et spécialement la société kéralaise, est obsédée par l'or.

Notre société cherche à nous enseigner que le mot malayalam *penn* ne signifie pas uniquement « femme » mais également « or ». De nos jours, certaines femmes se promènent en portant sur elles plus d'or qu'un éléphant portant un *nettipattam* (la coiffe dorée dont on orne les éléphants pendant les cérémonies lors des festivals.)

Les femmes s'imaginent qu'elles sont incomplètes sans or à leur cou et à leurs poignets. Ce métal est devenu une expression de fierté personnelle.

Amma ne dit pas qu'il est mal d'acheter de l'or. Quand l'achat s'opère après une réflexion prudente, il peut se révéler un bon investissement. Mais il est dangereux d'être obsédé par l'or, spécialement quand les parents empruntent de l'argent, vendent ou mettent en gage des biens pour couvrir les frais du mariage. En réalité, cette obsession de l'or ne vient pas des femmes, mais de la société.

Il nous faut maintenir dans toutes nos actions l'équilibre et la simplicité. Tout, dans ce monde, a sa juste place. En même temps, si l'on dépasse certaines limites, tout peut devenir *adharma*. Exploiter les ressources naturelles de la terre sans égard pour les autres est un péché. Lorsque nous prenons un bain ou que nous faisons la vaisselle, prenons garde à ne pas utiliser plus d'eau qu'il n'est vraiment nécessaire. Eteignons les lumières et les ventilateurs quand nous quittons une pièce. Ne gaspillons pas la nourriture. Soyons très attentifs à ces choses. Il y a en ce monde tant de gens qui meurent de faim !

Notre vie sera bénie si, au lieu de ne penser qu'à combler nos propres désirs, nous nous concentrons sur le fait d'aider les autres. Si nous sommes prêts à renoncer à nos mauvaises habitudes et à réduire nos dépenses extravagantes, nous pouvons employer l'argent ainsi économisé à soulager ceux qui souffrent, ceux qui ne peuvent même pas s'offrir un repas décent par jour. Alors, la lumière de la bonté illuminera leurs vies, et également la nôtre.

Pitié versus compassion

Mes enfants, au premier abord, la différence entre pitié et compassion semble minime. Cependant, quand nous examinons ces deux sentiments, nous voyons qu'ils sont très distincts. La pitié est un sentiment passager que nous ressentons quand nous voyons quelqu'un en détresse. Elle a peu d'impact sur la personne qui souffre. La personne qui ressent de la pitié offre une aide à la personne qui souffre, peut-être lui dit-elle quelques paroles réconfortantes, et cela lui donne bonne conscience. La compassion, en revanche, consiste à éprouver la souffrance de l'autre comme étant la nôtre. Il n'y a aucune dualité dans la compassion, seulement l'unité. Quand la main gauche se blesse, la droite la console parce la souffrance est la nôtre. Il en va ainsi de la compassion.

Un disciple demanda un jour à son guru : « Qu'est-ce que la véritable compassion ? »

Le guru l'emmena dans la rue, non loin de l'ashram. Il demanda au disciple d'observer un mendiant qui se tenait là. Quelques instants plus tard, une vieille dame déposa une pièce dans la sébile du mendiant. Au bout d'un moment un homme, visiblement fortuné, lui donna un billet de cinquante roupies. Puis, un petit garçon passa. Il sourit avec amour au mendiant. Il s'approcha de lui et se mit à lui parler, avec le même respect dont il aurait fait preuve envers un frère aîné. Le mendiant semblait très heureux. Le guru demanda au disciple : « De ces trois personnes, laquelle a de la véritable compassion ? »

« L'homme fortuné », répondit le disciple.

Le guru sourit et répliqua : « Non, il n'avait ni pitié ni compassion. Son unique intention était d'afficher sa philanthropie ».

« La vieille dame », supposa le disciple.

« Non », objecta encore le guru. « La vieille dame avait de la pitié pour le mendiant, mais elle ne le voyait pas comme l'un des siens. Elle n'aspirait pas réellement à l'arracher à sa pauvreté. Seule l'attitude de l'enfant révélait une véritable compassion. Il a traité le mendiant comme s'il appartenait à sa propre famille. Même s'il n'était pas en mesure de l'aider de façon significative, une connexion des cœurs et une compréhension mutuelle se sont opérées entre eux. Ce que cet enfant a manifesté au mendiant était de la véritable compassion. »

Notre sympathie fugace n'est d'aucune utilité pour le monde. Mais notre compassion sincère l'est. La compassion survient quand nous ressentons le bonheur et la souffrance de l'autre comme les nôtres. Alors, l'amour et la volonté de servir sont présents. La compassion est l'unique remède capable de guérir les blessures du monde.

Tout est dans l'attitude juste

Mes enfants, les problèmes rencontrés au travail et plus généralement dans la vie plongent beaucoup de gens dans une amertume et une désillusion totales. Cette souffrance est principalement due à leur attitude intérieure ou à leur vision fausse de l'existence. Leurs vies seraient transformées si quelqu'un pouvait leur montrer le bon chemin et les encourager tout du long. Ils se sentiraient alors libérés de leur fardeau et pourraient même devenir de bons modèles pour les autres.

Un jeune étudiant aspirait réellement à devenir médecin. Mais il échoua d'un point au concours d'entrée à l'université et ne fut donc pas autorisé à s'inscrire. La déception le rongeait à tel point qu'elle l'empêchait de s'inscrire dans aucune autre filière. Au bout d'un moment, cédant aux instances de sa famille, il postula pour un emploi dans une banque. Il décrocha le poste, mais continua à ressasser sa frustration de n'avoir pas pu devenir médecin. De ce fait, il était incapable de servir les clients de la banque avec amour, voire même de les gratifier d'un sourire. Un ami se rendit compte de son mal-être et l'emmena voir un guru. Le jeune homme ouvrit son cœur. « Je ne parviens pas à me contrôler. Je me mets en colère pour un rien. Je ne traite pas les clients de la banque avec le respect nécessaire. Dans ces circonstances, je ne pense pas pouvoir continuer à y travailler. Que dois-je faire ? »

Le guru le réconforta, puis demanda : « Mon fils, si je t'envoyais un de mes amis proches comme client, comment le traiterais-tu ? »

« Je serais heureux de l'aider, quelle que soit sa demande. »

« Si tel est le cas, à partir de maintenant, considère chaque client comme quelqu'un qui t'a été spécialement envoyé par Dieu. Alors, tu seras capable d'accueillir chaque personne avec amour. »

A partir de ce jour, l'attitude du jeune homme fut radicalement transformée.

Cette transformation se reflétait dans chacune de ses pensées et de ses actions. Tandis qu'il apprenait à voir chaque client comme envoyé par Dieu, comme l'image même de Dieu, ses actions devinrent véritablement une forme d'adoration. Son esprit fut libéré de tout tourment. Le contentement et la satisfaction emplissaient son cœur. Il était désormais capable de répandre sur tous le bonheur qu'il ressentait.

Pour cultiver une attitude mentale juste, la dévotion est une grande aide. Une personne qui a foi en Dieu place Dieu au centre même de son existence. Elle voit Dieu en toute chose et Lui abandonne toutes ses actions. Alors, si on est capable de voir chacune de ses actions comme une adoration de Dieu, on s'aide soi-même ainsi que toute la société.

Le chemin de la Paix

Mes enfants, quand Amma regarde le monde aujourd'hui, elle ressent beaucoup de chagrin. Partout règnent des images de larmes et de sang versé. Les gens sont incapables de manifester la moindre compassion, même envers les enfants. Que de vies innocentes sont sacrifiées chaque jour dans des guerres et des attaques terroristes ! Il est vrai que des guerres éclataient également par le passé, mais à l'époque, personne ne se serait attaqué à un individu désarmé. Il était également interdit de se battre après le coucher du soleil. De tels codes de conduite étaient communément suivis. Aujourd'hui en revanche, toute méthode de destruction est bonne à prendre, quelle qu'en soit la cruauté ou l'offense faite au *dharma*. Lorsque nous regardons autour de nous, nous voyons un monde dirigé par des égoïstes et des égocentriques.

La cause originelle de toute destruction est l'ego. Les deux types d'ego les plus destructeurs sont, pour l'un, l'ego du pouvoir et de la richesse. Et pour l'autre, l'ego qui pousse un homme à affirmer : « Seule ma vision est juste ! Je n'en

tolérerai aucune autre ». Une telle arrogance rend
la paix et le bonheur impossibles, autant dans
notre vie personnelle qu'au sein de la société dans
son ensemble.

Tous les points de vue ont leur valeur. Efforçons-nous de les reconnaître comme tels et de
les accepter. Essayons en toute conscience de
comprendre les idées de tout le monde. Si nous
y parvenons, nous pourrons mettre un terme aux
guerres inutiles et aux effusions de sang auxquelles
nous assistons partout autour de nous.

Pour réellement comprendre et respecter les
points de vue des autres, il faut tout d'abord cultiver
l'amour. De nombreuses personnes fournissent de
gros efforts pour apprendre une nouvelle langue. Elles
le font avec beaucoup d'intérêt et d'enthousiasme.
Cependant, apprendre la langue d'un autre peuple
ne suffit pas à le comprendre. Pour cela, c'est le
langage de l'amour qui est requis, un langage que
nous avons complètement oublié.

Dans le but de lever des fonds, les bénévoles
d'une organisation humanitaire rendirent un jour
visite au propriétaire d'une grosse entreprise. Ils lui

décrivirent en détail les conditions de vie pitoyables et les souffrances des gens qu'ils tentaient d'aider.

Le récit de ces misères aurait fait fondre le cœur de n'importe qui, mais l'homme d'affaires ne parut nullement affecté ni intéressé. Envahis par la déception, les bénévoles s'apprêtaient à repartir quand l'homme d'affaires lança : « Attendez. Je vais vous poser une question. Si vous y répondez correctement, je vous aiderai. L'un de mes yeux est une prothèse oculaire. Pouvez-vous dire lequel ? »

Les bénévoles examinèrent longuement ses yeux. Puis, l'un d'entre eux affirma : « C'est l'œil gauche. »

« Extraordinaire ! » s'exclama l'homme d'affaires. « Personne n'avait jamais su dire la différence avant cela. Je l'ai payé très cher. Comment avez-vous réussi à le savoir ? »

Le bénévole répondit : « J'ai regardé dans vos yeux avec attention. L'œil droit révélait une minuscule once de compassion. Le gauche était aussi froid qu'une pierre. Donc, j'ai tout de suite su que votre œil droit était le vrai. »

Cet homme d'affaires est le parfait symbole de notre époque. Aujourd'hui, nos têtes sont en surchauffe et nos cœurs sont froids. C'est le contraire qui est nécessaire. Nous devrions garder la tête froide et le cœur chaud. L'égoïsme glacé qui règne dans nos cœurs doit devenir la chaleur de l'amour et de la compassion. Et le bouillonnement de notre ego doit céder la place à la fraîcheur expansive de la connaissance du Soi.

L'amour et la compassion sont notre plus grande richesse. Aujourd'hui, nous les avons perdus. Sans amour et sans compassion, il n'y a aucun espoir ni pour nous ni pour le monde. Eveillons dans nos cœurs la douceur et la tendresse de ces qualités divines.

Conservez l'attitude d'un débutant

Mes enfants, conservez toujours l'attitude d'un débutant. Cette attitude consiste à avoir de l'humilité, une foi optimiste et de l'enthousiasme. Pour cela, il nous faut un cœur ouvert qui accueille tout ce qui est bon, quelle qu'en soit la provenance. Si nous y parvenons, l'humilité, la foi optimiste et l'enthousiasme s'éveilleront automatiquement en nous. Nous serons alors capables d'apprendre de nos multiples expériences. Nous saurons également réagir de façon adéquate en toute circonstance. En revanche, si notre cœur est fermé, non seulement nous serons l'esclave de notre ego et de notre obstination, mais nous commettrons également de nombreuses erreurs et perdrons la capacité d'intégrer ce qui est bon pour nous. Une telle attitude mène à l'autodestruction.

Durant la guerre du Mahabharata, Arjuna et Karna s'affrontèrent. Le Seigneur Krishna conduisait le char d'Arjuna. Salya était l'aurige de Karna. Arjuna et Karna échangèrent une pluie de flèches. Finalement, avec l'intention d'abattre Arjuna, Karna se prépara à lancer une flèche au niveau de sa tête. Voyant cela, Salya s'écria : « Karna, si tu veux tuer Arjuna, vise son cou, pas sa tête ».

Karna répliqua avec arrogance : « Quand je vise une cible, je ne change jamais d'avis ! Je dirigerai cette flèche tout droit sur la tête d'Arjuna ! » Et Karna lança la flèche.

Quand le Seigneur Krishna vit la flèche arriver droit sur la tête d'Arjuna, il poussa vivement le char dans le sol avec Ses pieds sacrés. Les roues du char s'enfoncèrent dans la terre et la flèche, qui aurait touché Arjuna à la tête, atteignit seulement sa couronne. Arjuna était sauf. Peu après, il tua Karna.

Si Karna avait obéi à Salya, il aurait touché Arjuna et l'aurait tué. Mais son ego l'empêcha d'accepter le conseil de Salya, ce qui entraîna sa propre destruction. Cette attitude qui consiste à affirmer : « Je sais tout » nous empêche d'apprendre.

Quand une coupe est pleine à ras-bord, que pouvons-nous y ajouter ?

C'est uniquement quand le récipient est vide et qu'il s'enfonce dans l'eau qu'il peut se remplir. Même un lauréat du Prix Nobel, s'il veut apprendre à jouer de la flûte, doit adopter l'attitude d'un débutant et redevenir un élève, sous la direction d'un professeur.

Avoir l'attitude d'un débutant est le passage obligé vers un monde de connaissance et d'évolution. C'est l'attitude qui nous fait dire : « Je ne sais rien ; je t'en prie, enseigne-moi ». Dès lors, la grâce se répandra sur nous de toutes parts, nous acquerrons aisément la connaissance, et notre vie sera une réussite.

www.ingramcontent.com/pod-product-compliance
Lightning Source LLC
LaVergne TN
LVHW020353090426
835511LV00041B/3034